KB265630

함께 행복
우분투
리더십

1판 1쇄 발행 | 2015년 11월 28일

지은이 | 이강철
펴낸이 | 김경배
펴낸곳 | 시간여행
편　집 | 이진의 · 정지은
본문 디자인 | 서진원

등　록 | 제313-210-125호 (2010년 4월 28일)
주　소 | 서울시 마포구 양화로 6길 9-24 (서교동 동우빌딩 3층)
전　화 | 070-4032-3664
이메일 | sigan_pub@naver.com

종　이 | 엔페이퍼
인　쇄 | 천광인쇄

ISBN 979-11-85346-21-2　(13320)

* 이 책의 내용에 대한 재사용은 저작권자와 시간여행의 서면 동의를 받아야만
　가능합니다.
* 잘못 만들어진 도서는 구입한 곳에서 바꾸어 드립니다.

이 도서의 국립중앙도서관 출판예정 도서목록(CIP)은 서지정보유통지원시스템 홈페이지
(http://seoji.nl.go.kr)와 국가자료 공동목록시스템(http://www.nl.go.kr/kolisnet)에서
이용하실 수 있습니다. (CIP제어번호 : CIP2015030809)

함께 행복

우분투 리더십

UBUNTU

LEADERSHIP

지은이 **이강철**

시간
여행

미래사회는 마중물 같은 리더를 기다린다

우리가 살아가는 이 지구촌에는 현재 40만여 가지 직업이 존재한다. 오늘날은 수많은 분야가 서로 영향을 주고받으며 존재하는 다양성의 시대이자, 정보와 성과를 공유하고 공존공생해야 하는 융·복합의 시대이기도 하다. 이에 따라 수없이 많은 분야에서 다양한 형태의 리더를 필요로 하고 있다.

나는 지난 30여 년 동안, 사단법인 한국청년회의소JC의 연수원 리더십 교수로서, 리더십 아카데미 원장으로서, 성공사관학교 리더십학 교수 겸 학장으로서 여러 분야에서 리더십 강의를 해왔다. 그런 인연으로 다양한 분야의 리더들을 수없이 만나고 대화하며 리더십에 관한 나만의 결론을 내렸다.

첫째, 모든 사람은 자기가 원하는 분야에 있어 세상을 이끌어갈 만한 리더로서의 무한한 잠재능력을 가지고 있다. 둘째, 누구나 갖고 있는 잠재능력이지만 그것을 계발하지 못하면 결코 리더가 될 수 없다. 셋째, 작은 모임에서부터 팀, 단체, 기업, 그룹, 기관, 사회, 자치단체, 국가에 이르기까지 이 세상에 존재하는 모든 조직은 리더의 크기만큼 성장한다. 넷째, 어떤 기회로 리더의 자리에 오르더라도, 리더십을 배우거나 준비하지 못해 바람직한 리더십을 갖추지 못한 상태라면 리더 자신은 물론 소속된 조직·기업·사회와 그 구성원에게 큰 피해를 입히게 된다.

미국 템플대학교 초대 총장을 지낸 러셀 콘웰Rusell H. Conwell은 '다이아몬드 밭'이라는 주제로 6,000회 이상 강의를 했다. 이 강의의 핵심 포인트는 기회는 모든 사람의 주변에 잠재하고 있으며, 사람의 잠재능력은 무한하다는 것이다.

농부였던 알리 하페드는 다이아몬드를 발견해 어마어마한 부자가 된 사람의 이야기를 듣고는 귀가 솔깃해졌다. 그래서 자신이 갖고 있던 허름한 농장을 팔아치우고 다이아몬드를 찾아 나섰다. 하지만 그는 아무 것도 찾아내지 못한 채 결국 무일푼으로 세상을 떠나고 말았다. 그런데 얼마 후, 그 농장을 구입했던 사람이 농장 뒤뜰에서 다이아몬드 밭을 발견했다. 그 밭이 바로 현재 세계 최고의 다이아몬드 광산으로 알려진 골콘다 광산이다.

지금 당장 집 뒤뜰을 파보라는 이야기가 아니다. 당신은 이미 어마어마한 다이아몬드 밭을 가지고 있다. 바로 당신이 가진 무한한 잠재능력이다. 이 잠재능력을 계발해내기만 한다면 다이아몬드 이상으로 값진 것을 얻을 수 있다.

아직 집집마다 상수도가 보급되지 않았던 시절, 대부분의 마을에서는 공동우물에 설치한 펌프로 지하수를 끌어올려 썼다. 이때 중요한 것은 지하수를 끌어올리려면 한 바가지의 물이 꼭 필요하다는 점이다. 펌프질을 하기 전에 반드시 물 한 바가지를 펌프 안에 붓고, 손으로 빠르게 펌프질을 해야만 수압의 도움으로 땅 속 깊은 곳의 지하수를 끌어올릴 수 있다. 처음 펌프 위에 붓는 한 바가지의 물을 마중물이라고 한다. 이 한 바가지의 마중물이 제 양보다 수천 배나 되는 지하수를 끌어올린다.

《함께 행복 우분투 리더십》이 당신이 가지고 있는 리더로서의 잠재능력을 끌어올리는 한 바가지의 마중물이 되었으면 한다. 또한 그렇게 리더가 된 당신이 조직 전체, 나아가 사회 전체의 잠재능력을 끌어올리는 또 다른 마중물이 되었으면 한다. 땅 속의 지하수나 다이아몬드는 자꾸 퍼내다 보면 언젠가 고갈될 수 있지만, 우리에게 내재된 능력과 가능성은 퍼내면 퍼낼수록 더욱 확장된다. 결코 마르지 않고 무한한 것이 바로 사람의 잠재능력이다. 여러모로 어려운 시대이지만 희망은 우리의 잠재능력에 있다. 리더들이 마중물 같은 리더십을 발휘하여 다 같이 성장하고 다 같이 행복해지는 세상을 만들어간다면, 지금의 시련이 미래의 행복으로 거듭날 수 있다.

이 책은 미래사회가 필요로 하는 각 분야별 리더십이 어떤 것인지 보여주어 리더가 되고자 하는 이에게 방향을 제시하고 있다. 리더십 이론을 다루기보다는 리더로서의 능력을 일깨우고 동기를 부여할 수 있는 바람직한 리더십 사례를 중심으로 저술했다. 유명한 리더들은 물론이고, 주변에서 쉽게 만날 수 있는 이웃이 발휘한 리더십 또한 여러 관점에서 보여주어 독자가 직접 벤치마킹하며 자기 내부에 잠재된 리더십을 펼쳐갈 수 있도록 했다. 이를 통해 원하는 분야의 탁월한 리더로 성장하고, 이 책의 주인공들을 삶의 롤모델로 삼아 리더로서의 삶을 신나게 살아갔으면 한다. 나도 탁월한 리더가 될 수 있다는 확신을 갖고 스스로를 적극 성장시켜 각자의 분야에서 위대한 리더로 우뚝 서는 계기가 되기를 바란다.

미국의 유명한 리더십 학자 랠프 네이더Ralph Nader는 "리더는 구성원들을 나보다 더 나은 리더로 만들어 내는 것"이라 했다. 이 시대에 필요한 바람직한 리더는 그룹에 속한 구성원들에게 동기를 부여하여 각자의 무한한 잠재능력을 계발시키고, 나보다 더 나은 리더로 성장할 수 있도록 끌어주는 사람이다. 그리고 더 나아가 자신이 소속된 공동체를 지금 보다 더 나은 모습으로 만드는 데, 즉 지속 가능한 상생사회, 다함께 행복한 우분투 사회를 만들어가는 데 기여할 수 있어야 한다.《함께 행복 우분투 리더십》에서 제시한 다양한 리더십 사례들 가운데 자신에게 맞는 것을 찾아 잘 활용하면 누구나 우분투 리더가 될 수 있다.

현 시대에 걸맞은 진정한 리더가 되고 싶은 분들에게, 이미 리더의 위치에 올랐지만 더 나은 리더십을 갖추고자 하는 분들에게 이 책을 권한다. 이 책을 통해 리더로서의 잠재능력을 계발하여, 구성원들과 사회에 행복을 나눠주는 행복한 리더, 함께 행복한 사회를 만들어나가는 우분투 리더가 되길 기원한다.

2015. 11. 17.

사단법인 한국청년회의소[JC] 연수원 교수
성공사관학교 리더십 학장
대한민국 명강사회 총회장
함께 행복 우분투 리더십 아카데미 원장

이 강 철 DREAM

CONTENTS

6장 리더의 내면에 갖춰야 할 것들

우리의 행복은 서로 연결되어 있다.
모두가 협력하여 지속가능한 함께 행복 사회를
만들어가는 것이 우분투가 지향하는 가치다.

1장

함께 행복,
우분투 리더십

UBUNT

Leadership

아프리카 부족의 문화와 관습을 연구하던 인류학자가 어느 부족 아이들을 모아놓고 게임을 했다. 큰 나무 밑에 초콜릿과 과자, 사탕이 가득 담긴 선물바구니를 놓아두고, 달리기를 하여 나무 밑에 1등으로 도착하는 아이에게 선물바구니를 주겠다고 제안했다. 바구니에 든 과자들은 가난하고 외딴 마을에 사는 아이들은 구경하기조차 어려운 것이었다. 학자는 아이들이 1등을 하기 위해 각자 기를 쓰고 달릴 것이라 생각했다.

그런데 출발을 외친 순간, 아이들은 예상과 달리 마치 약속이라도 한 듯 손을 잡고 한 줄로 나란히 뛰어갔다. 결국 손을 잡은 채 다 같이 골인 지점에 도착한 아이들은, 공동 1등으로 받은 선물바구니를 두고 둘러앉아 과자를 나누어 먹었다. 아이들의 신기한 행동을 보고 놀란 학자는 그 이유를 물었다.

"1등을 하면 혼자서 과자를 다 가실 수 있는데, 왜 모두 같이 달린 거니?"

그러자 아이들이 합창하듯 한 목소리로 외쳤다.

"우분투Ubuntu!"

이어서 한 아이가 웃음 가득한 얼굴로 말했다.

"내가 1등을 해서 과자를 독차지하면 나머지 친구들이 모두 슬퍼할 텐데, 어떻게 나 혼자 행복할 수가 있겠어요?"

우분투Ubuntu란, 네가 있기에 내가 있다I am Because You are 그리고 우리가 있기에 내가 있다I am Because We are라는 뜻을 가진 아프리카 반투bantu어이다. 인간은 혼자서 존재하는 것이 아니라 사람들과 더불어 사는 존재라는 의미이다. 아프리카 공동체의 주요한 미덕으로 전해 내려온 이 개념은, 노벨평화상 수상자이자 남아프리카공화국 최초의 흑인 대통령인 넬슨 만델라 대통령이 자주 강조하면서 널리 알려졌다.

마찬가지로 노벨평화상 수상자인 남아프리카공화국 성공회 대주교 데스몬드 투투Desmond Tutu는 우분투를 인간됨의 본질로 규정하고 그 정신에 대해 이렇게 설명했다.

"우리는 우리를 타인에게서 분리된 개인으로 생각할 때가 너무 많습니다. 하지만 사람들은 모두 연결되어 있고 당신이 하는 일은 세상 전체에 영향을 미칩니다. 당신이 좋은 일을 하면, 그 결과는 퍼져나갑니다. 그것은 인류 전체를 위한 일이 됩니다."

그렇다. 우리는 타인과 함께해야 하는 존재이다. 그리고 모든 사람이 연결되어 있듯이 우리의 행복 또한 서로 연결되어 있다. 이러한 깨달음 아래 자발적으로, 적극적으로 협력하면서 지속 가능한 함께 행복 사회, 즉 해피 투게더Happy Together를 만들어가는 것이 우분투가 지향하는 가치다.

행복을 만드는
우분투 리더십

왜 지금 우분투 리더십인가

무한경쟁 구도를 통해 성과 내기를 독려하던 구시대적 리더십은 이미 한계를 맞은 지 오래다. 사람들은 치열한 경쟁에 질리도록 내몰렸고, 열정은 이미 소진되었다. 선물바구니를 독차지하려고 기를 쓰고 달리지만 행복하다 말하는 사람은 보이지 않고, 선물바구니를 받지 못한 사람들의 아우성만 가득하다. 상대방을 이기고 올라가는 방식, 나의 성공을 위해 남의 성과를 가로채거나 약점을 공격하는 방식, 내 기쁨을 위해 남을 짓밟고 올라서는 방식은 이제 통하지 않는다. 오로지 내 이익을 위해서만 움직인다면 행동의 폭은 좁아지고 소모적이게 된다. 경쟁에 쏟아부은 에너지는 헛되이 낭비되고 어느 누구에게도 이익이 되지 않는다.

하지만 모두가 모두를 위해서 움직인다면 우리는 틀에 얽매이지 않는 자유를 얻을 수 있다. 시합이나 경쟁에 집착하지 않고 자연스럽게 손을 잡고 달려나가는 아프리카 아이들처럼, 훨씬 긍정적이고 창조적인 사람으로 거듭날 수 있다. 우분투의 태도가 사회의 행복 총량을 늘리는 것이다. 어디를 가나 1등과 최고를 내세우고, 남이야 어찌되었든 나만 행복하면 된다는 이기적인 세상 속에서 '당신이 행복해야 나도 행복하다'고 말하는 우분투 정신은 우리에게 새롭고 획기적인 관점을 제공한다.

자본지상주의에 빠진 우리 시대에, 모두의 행복을 생각하는 리더십이란 굉장히 상상하기 어려운 것일 수 있다. 하지만 그렇기에 우분투와 같은 상생의 리더십이 오늘날의 경제 상황을 돌파할 진정한 대안이 되는 것이다. 우리에게는 새로운 가치가 필요하다. 공동체 구성원 간의 마음에서 우러나는 협력, 내 이익만이 아니라 모두의 이익을 생각할 때 비로소 얻게 되는 폭넓은 시야, 내가 가진 것과 재능을 다른 사람들과 공유함으로써 생겨나는 한 차원 높은 창조성, 행복한 사회를 만드는 데에 기여하고 있다는 긍정적인 동기와 자신감 등이 앞으로의 세상을 이끌어가는 동력이 될 것이다. 그리고 이 같은 저력을 끌어낼 수 있는 비결은 바로 함께 행복한 사회를 추구하고 함께 윈윈win-win할 수 있도록 우분투 리더십을 발휘하는 것이다.

잠재능력을 끌어올리는 융합적 리더십

리더는 지금보다 더 나은 세상을 만들어가는 사람이다. 단순히 성과만 내는 데 그치지 않고 내가 속한 모임, 단체, 회사, 사회, 나라를 더 나은 곳으로 변화시키는 것이 바람직한 리더십이다. 그러므로 리더의 가장 중요한 사명은 기회 부여를 통해 구성원들의 잠재능력^{potential}을 계발시켜 나보다 더 나은 리더로 만들어내는 것이다.

지나간 시대 리더십의 전형은 능력과 영향력을 갖춘 리더의 명령에 따라 구성원들이 일사불란하게 움직여 목표를 달성하는 것이었다. 이런 시스템은 눈앞의 목표를 달성하는 데에는 효과가 있었을지 모르나, 구성원들이 그때그때 목표 달성을 위한 소모품으로 쓰일 가능성이 많았다. 리더가 바뀌면 새 리더의 성향에 따라 처음으로 돌아가 일을 다시 시작해야 하는 경우도 있었다. 따라서 과거의 리더십으로는 지속가능한 조직과 단체, 기업과 사회를 만들어가기 어렵다.

그러나 함께 행복 우분투 리더십은 리더의 영향력에만 의존하지 않는다. 우분투 리더십으로 운영되는 조직에서는 리더가 일일이 구성원을 끌어당기지 않아도, 구성원 모두가 전체의 행복을 생각하고 서로 동기를 부여하며 지속가능한 참여를 이끌어낸다. 먼저 직책과 업무 분장, 권한 위임을 통하여 구성원들에게 역할을 주고 동기를 부여하는 것이 우분투 리더십의 핵심이다. 그런데 여기서 주목해야 할 것은 직책과 업무를 분장할 때 그 일에 능통한 사람, 이미 능력을 갖추고 있는 사람을 배치하는 것이 아니라는 것이다. 오히려 구성원들 가운데 경험이 부족하고 능력을 더 키워야 하는 사람에게 역할을 맡겨 성장의 기회와 동기를 부여한다.

우분투 리더는 구성원의 잠재능력 계발을 최우선으로 한다. 다소 능력이 뒤떨어지는 구성원일지라도 도전하고 능력을 성장시킬 실무 기회를 제공한다. 물론 검증된 경력자에게 일을 맡기면 운영 측면에서도, 당장의 성과를 얻기도 수월할 것이다. 반대로 다소 부족한 구성원을 배치할 경우 당장은 좋은 성과를 만들어내기 어렵고 불안한 시스템처럼 보일 것이다. 그러나 일을 잘하지 못하는 구성원에게 기회를 부여하면 새로운 가능성을 찾고 조직 전체의 잠재역량을 상승시킬 수 있다. 이미 능력이 검증된 사람들에게도 전과 같은 성과를 요구하기보다는 새로운 도전 기회를 제공하는 것이 좋다. 이렇게 향상된 역량과 변화는 융합되어 조직과 그룹, 기업 전체를 성장시킨다. 불편함과 불안함을 감수하고 구성원의 잠재능력을 계발할 수 있도록 하는 것이 함께 행복한 우분투 리더십의 출발점이자 지속 가능한 성장의 비결이다.

이렇게 조직 전체의 역량이 강화되면 성과의 열매는 지속적으로 확대될 수 있다. 사과나무든 대추나무든 호두나무든, 과실나무를 골고루 잘 키워놓으면 매년 좋은 과실을 알차게 수확할 수 있는 것과 같은 이치다.

리더가 성과만 강요하는 것이 아니라 구성원을 신뢰하고 함께 성장하고자 할 때, 구성원들 역시 조직을 신뢰하고 조직과 자신이 함께 성장하기를 원한다. 바로 함께 행복하고자 하는 우분투의 마음이다. 이런 조직 안에서 구성원들은 도태되거나 소모되지 않고 행복을 공유하며 안정적으로 성장한다. 구성원의 능력과 조직의 성과가 극대화됨은 물론 이 시대의 중심 가치가 될 지속가능한 소식, 함께 행복한 사회가 꾸려지는 것이다. 이것이 바로 함께 행복 우분투 리더십의 위대함이다.

서던캘리포니아대학 경영학 교수 워렌 베니스Warren Bennis는 리더십을 "비전을 현실로 변화시키는 능력Leadership is the capacity to translate vision into reality"이라고 정의했다. 이 정의를 한 차원 더 승화시킨다면, 진정한 리더십은 비전을 현실로 변화시키는 능력을 조직의 구성원들과 공유하는 것이다. 구성원의 잠재능력을 계발하여 더 나은 리더로 만들고 리더들의 성장한 능력과 힘을 융합하여 보다 더 나은 사회, 지속가능한 상생사회, 다 함께 행복한 사회를 만드는 것이 우분투 리더십이다.

우분투 리더십은 세상을 어떻게 바꾸나

함께 행복 우분투 정신으로 성공한 대표적인 사례가 바로 시드니 하버 브리지이다. 하버 브리지는 시드니 도심에 위치한 철제 아치교로, 세계에서 4번째로 긴 아치교이다. 이 다리가 착공되던 1920년대, 세계 경제는 대공황의 영향으로 혼란에 빠져 있었다. 오스트레일리아에서도 수많은 실업자가 발생하였고 생계조차 유지하기 어려운 사람들이 거리에 가득했다. 오스트레일리아 정부는 이 상황을 타개하고 실업자들을 구제하기 위한 목적으로 다리를 건설하기로 했다. 하버 브리지는 1923년 착공하여 1932년에 완공됐는데, 9년 동안 2천만 달러가 넘는 예산이 투입됐고 매일 1,400명의 실업자가 고용되어 생계를 유지할 수 있었다. 대공황으로 어려운 시기였지만 정부는 사람들에게 일할 기회를 제공하는 것을 최우선으로 삼았던 것이다. 이렇게 만들어진 하버 브리지는 오스트레일리아 경제 활성화의 버팀목이 되었을 뿐 아니라 지금은 오페라 하우스와 함께 시드니 최고의 관광명소, 세계에서 가장 유명한 다리 중 하나가 되었다.

우분투 리더십은 단순히 경제적 성과만 가져오는 것이 아니다. 하나의 도시 공동체를 변화시키기도 한다.

1970년대 미국의 뉴욕 시는 세계에서 손꼽히는 범죄도시로 악명이 높았다. 시에서는 범죄율을 낮추고 시민의 안전을 지키기 위해 갖은 노력을 했다. 그러나 아무리 경찰력을 강화하고 강력한 처벌을 동원해도 범죄율은 떨어지기는커녕 날로 증가했다.

그러던 중에 할렘 가에 거주하는 빈민들에게 일자리를 주는 프로젝트가 제안되었다. 뉴욕 시에서 범죄를 일으키는 이들은 대부분 할렘 가 거주자들이었는데, 그들이 안정적인 직업을 갖지 못해 생계를 유지하기 어려워한다는 점에 착안한 것이었다.

이 제안에 크게 공감한 뉴욕 시청에서는 할렘 가 빈민들에 대한 복지지원과 교육지원 정책을 개발했으며, 뉴욕 시의 많은 경영인과 시민이 할렘 가의 생활환경개선 봉사활동 프로그램에 동참하였다. 시민들이 할렘 가 주민들과 어울리고, 일자리를 비롯한 교육과 복지가 제공되자 할렘 가의 거주자들은 일을 할 수 있다는 꿈과 행복한 삶을 살아갈 수 있다는 희망을 얻었다. 더불어 살아가는 시민으로서의 자긍심을 갖게 된 것이다. 그러자 강력한 처벌 정책과 고립화 정책에도 전혀 줄지 않던 범죄율이 대폭 줄었고, 뉴욕은 미국에서 가장 안전한 도시로 재탄생했다. 이에 맞춰 뉴욕 시는 유명한 'I ♥ NY I Love New York, 뉴욕을 사랑합니다' 캠페인을 벌이며 로고, 이미지 송을 전파하는 등 대대적인 이미지 제고에 나섰다. 안전하고 사랑이 가득한 도시로 이미지가 변화하자 국내외에서 수많은 관광객이 몰려왔고, 뉴욕은 관광도시로서 엄청난 성공을 거두었다.

뉴욕 시는 현재 할렘 가에 투입한 지원 비용보다 훨씬 더 많은 수입을 올리고 있다. 강력한 처벌은 아무 효과가 없었지만, 함께 행복한 사회를 만들어가고자 하는 우분투 리더십이 모두에게 성공을 가져다준 것이다. 함께 행복 우분투 리더십은 사회의 제반 문제를 슬기롭게 해결하며 상생하는 사회를 이룰 수 있는 이 시대의 가장 바람직한 리더십이다.

우분투 리더십은 공동체 내부에만 머물지 않고 국경을 넘어 힘을 발휘하기도 한다. 프랑스의 니스 해변에 있는 3.5km 길이의 도로 '영국인의 산책로Promenade des Anglais'가 그 사례다. 농어업 지역이었던 니스가 세계적인 휴양지로 각광받기 시작한 것은 19세기 초반, 영국의 우기와 추운 겨울 날씨를 피하려던 영국 사람들이 겨울을 보내기 위해 햇살이 따뜻한 니스를 찾아와 휴양과 정착을 하게 된 데서부터였다. 바다 건너 영국과 니스를 원활하게 오가기 위해서는 바다에 인접한 도로가 필요했으므로, 영국인들은 모금을 통하여 도로 건설 비용을 마련했다.

그런데 영국인들이 착공에 들어갈 즈음, 니스 지역에 갑작스런 추위가 덮쳐 니스 주민들의 주 수입원이었던 올리브와 서양 자두 agrumes농사가 큰 손실을 보았다. 그러자 영국인들은 니스의 주민들에게 도로 건설을 부탁했다. 주민들은 공사 대금으로 경제적 어려움을 해결할 수 있었다. 이렇게 만들어진 '영국인의 산책로'는 당시 자연재해로 어려움을 겪던 니스 지역 주민들에게 경제적인 도움이 되었을 뿐 아니라 그 후로도 니스가 세계적인 관광명소로 발전하는데 크게 기여했다. 국적은 다르지만 영국인과 프랑스인 모두에게 이익과 행복을 가져다준 우분투적 사업이었다.

우리나라에서도 천문학적 예산을 투입하며 여러 가지 국책 사업을 시행하고 있다. 그중에서도 청년실업을 해결하기 위한 사업이 활발하다. 실효성 있는 사업을 진행하기 위해서, 청년 실업자들에게 행복한 일자리를 제공하기 위해서 이 시점에 필요한 것은 성과를 독차지하려 하지 않고 모두의 행복을 생각하는 우분투 리더십이다. 지금 뼈저린 어려움을 겪고 있는 청년들에게 힘과 희망을 나누어주는 일자리 사업이 필요하다.

어제보다 더 나은 사회, 함께 행복한 우분투 사회를 만들기 위해 기여하지 못하는 리더는 바람직한 리더가 아니다. 그래서 탈무드에서는 리더들에게 이렇게 외친다.

"머리가 있으면 지혜를 내놓아라! 지혜가 없으면 땀을 내놓아라! 지혜도 땀도 없으면 조용히 물러나라!"

지금 모두의 행복을 위해 기여하지 못하는 리더, 눈앞의 이익만을 추구하느라 상생을 거부하는 리더는 함께 행복 우분투 리더십을 발휘할 능력이 없거나 그 중요성을 모르는 것이다. 소모적인 경쟁에서 벗어나지 못하는 사회 역시 함께 행복 우분투 사회를 지향하지 않는 사회이다. 이러한 이들은 세상이 더 변화하고 큰 어려움이 닥쳤을 때 뒤늦게 후회하게 될 것이다.

우분투 리더는
어떤 사람인가

조직 전체에 가치를 전파하는 리더

함께 행복 우분투 리더십의 핵심 정신은 명료하다. 첫째, 욕심을 버리자. 남보다 더 갖고 싶고, 내가 다 갖고 싶은 마음을 내려놓아야 한다. 둘째, 내가 갖고 있는 것도 나눠주자. 요즘 핵심 화두인 공유 정신과 맥락을 같이한다. 셋째, 나 혼자 살고, 나만 행복하고자 하는 것이 아니라 너와 나, 우리가 함께 행복한 사회를 위해 기여하고자 한다.

모두가 이러한 마음이 되어 함께 행복을 추구하는 조직, 그런 사회는 상상만 해도 기분이 좋아진다. 하지만 실현하기 쉬운 일은 아니다. 특히 1등 지상주의가 오랫동안 고착된 작금의 현실에서는 더욱 그렇다. 행복 나눔의 정신은 공동체 구성원 모두에게 체화되었을 때에 진정한 힘을 발휘한다. 이러한 공동체를 만들어나가기 위해, 우분투 리더는 성과 중심 리더와는 한 차원 다른 역량과 비전을 필요로 한다.

지난여름, 긴 가뭄 끝에 갑자기 내린 집중호우로 전국 곳곳에 크고 작은 피해가 많았다. 특히 배수로가 막혀 시내 주요 간선도로에 빗물이 넘치고 통행이 어려워지는 등 많은 사람이 불편을 겪었다. 그러던 중 광주의 한 고등학생이, 교복이 흙탕물에 젖는 것도 아랑곳하지 않고 배수로를 막은 오물과 쓰레기를 걷어내고 물길을 냈다. 이 모습이 SNS에 퍼지게 되고 인터넷 상에 칭찬하는 글이 쇄도하자, 그 학생은 앞으로도 본인이 마땅히 해야 할 일이 있으면 주저하지 않고 바로 실행에 옮기겠다고 말했다. 학생의 행동은 어쩌면 지극히 사소한 것일 수도 있다. 그러나 이러한 작은 행동이 지금보다 더 나은 우분투 사회를 만드는 기반이 된다. 리더가 가장 낮은 곳에서 스스럼없이 솔선함으로써 그 행동에 담긴 가치가 사람들에게 영향을 주고, 사회 전체로 퍼져나가게 되는 것이다.

70년대 후반, 한 대학에서 있었던 일이다. 당시 학과 사무실은 겨울에 추위를 이기기 위해 연탄불을 피워 난방을 했다. 각 학과 조교 선생님들이 연탄불을 관리했는데, 유독 한 학과 사무실에서만 하루가 멀다 하고 연탄불을 꺼트렸다. 그 학과의 조교 선생님은 매일 다른 학과 사무실을 돌며 연탄불을 빌려갔지만 다음날이면 또 불을 꺼트렸다.

이를 안타깝게 여긴 동료가 그 조교실을 찾았다. 불을 살펴본 동료 선생님은 깜짝 놀랐다. 연탄불을 살리기 위해서는 불이 살아있는 연탄을 아래에 놓고 그 위에 새 연탄을 올려놔야 한다. 그래야 아래에 있는 연탄불이 새 연탄으로 옮겨붙으며 연탄불이 계속 살 수 있다. 그런데 이 조교는 기껏 빌려온 연탄불을 새 연탄 위에 떡하니 올려놓은 것이 아닌가. 이야기를 들어보니 그 조교는 기름 보일러를 사용하는 부잣집 외동딸로 연탄불을 갈아본 적이 한 번도 없었다고 한다. 동료가 연탄 가는 법을 알려주지 않았다면 그 조교실을 사용하는 사람은 모두 겨우내 추위에 떨어야 했을 것이다.

이 연탄불 이야기는 리더십이 작동하는 방식을 상징적으로 보여준다. 리더는 불이 붙은 연탄과 같다. 리더가 되기까지 끊임없이 자신을 단련하여 스스로에게 불을 붙이고, 능력과 강한 성취동기 그리고 구성원과 공유할 가치와 비전으로 타오르고 있는 사람이기 때문이다. 반면 구성원은 아직 불이 붙지 않은 새 연탄이다. 그래서 리더는 반드시 아직 불이 붙지 않은 구성원을 위에 올려놓고 그 아래에서 열정을 불살라야 한다. 특히 우분투 리더처럼 구성원에게 새로운 핵심가치를 제시하고 싶다면, 그 가치를 구성원 모두가 진정으로 공유하고 실천하길 바란다면, 반드시 리더가 밑불이 되어야 한다.

연탄 가는 법을 모르면 그 방을 사용하는 사람들이 추위에 떨듯이, 리더의 리더십이 제 곳에서 기능을 발휘하지 못하면 따뜻하고 행복한 사회를 만들기 어렵다. 리더는 아직 목표와 역량을 지니지 못한 구성원을 위에 올려놓고, 밑에서 조직을 지탱하며 자신의 가치를 은은하게 조직 전체로 전파시켜야 한다. 만약 비전과 가치를 보유한 리더가 구성원의 위에 군림하며 혼자만 활활 타버린다면 그가 전하려 했던 가치는 한순간의 불꽃으로 끝나고, 소식은 불씨 하나 없이 싸늘하게 식어갈 것이다.

리더가 아래로 들어가 불을 지피고 구성원과 불씨를 공유하다 보면, 구성원은 스스로 가지고 있는 잠재능력과 리더십에 눈을 뜨고 목표를 향해 활활 타오르게 될 것이다. 이렇게 불이 붙은 구성원이 더 나은 리더가 되어 다른 누군가의 밑불이 되고, 그 구성원이 또 누군가의 밑불이 되기를 반복하면 겨울이 아무리 길더라도 조직의 불꽃은 꺼지지 않는다.

그래서 안도현 시인은 〈너에게 묻는다〉라는 시에서 의미 있게 외친 것이다.

연탄재 함부로 발로 차지 마라.
너는 누구에게 한번이라도 뜨거운 사람이었느냐.
반쯤 깨진 연탄
언젠가는 나도 활활 타오르고 싶을 것이다.

연탄불이 자신의 몸을 태워 주위를 따뜻하게 만들듯, 리더는 자신의 리더십과 열정을 태워 구성원들을 더 나은 리더로 만드는 사명을 감당해야 한다. 그리고 구성원 전체의 잠재역량을 융합하여 따뜻한 세상, 함께 행복한 우분투 사회를 만들어가야 한다.

1등 지상주의에서 벗어난 리더

처음 이야기한 아프리카 아이들의 달리기 에피소드를 기억하는 가? 이 감동적인 이야기가 널리 알려지자 미국의 한 심리학자가 아 프리카를 제외한 나머지 다섯 대륙, 즉 미국 LA, 브라질 상파울루, 오스트레일리아 시드니, 스웨덴 스톡홀름, 일본 도쿄에서 같은 실험 을 했다고 한다. 그런데 아프리카에서의 실험 결과와는 달리 모든 아이들이 한결같이 1등을 하려고 서로 기를 쓰고 달렸다. 그리고 1 등을 한 아이가 선물바구니를 독차지했다.

실험 지역은 대부분 잘 사는 도시여서 아이들은 집에 가면 그 정 도의 과자나 초콜릿은 항상 먹을 수 있었다. 하지만 아이러니하게도 6대륙 가운데 가장 먹고 살기 어려운 지역인 아프리카 아이들만이 더불어 나누는 행복을 몸과 마음으로 느끼며 손을 잡고 함께 달렸 다. 승자독식, 강자 갑질의 문화가 아니라 가난하더라도 함께 행복 하고자 하는 공동체 문화가 형성된 덕분이다. 경제적으로 어려운데 도 불구하고 오히려 서구나 동아시아보다 행복도가 높게 나타나는 이유도 바로 여기서 나온다.

이는 바꾸어 말하면, 함께 행복을 추구하는 공동체 문화가 형성된

다면 우리나라에서도 얼마든지 우분투 사회를 만들 수 있다는 뜻이
된다. 실제로 우리나라에서도 이와 비슷한 훈훈한 기사가 신문 지면
을 장식한 일이 있다. 얼마 전 용인의 한 초등학교에서 가을 운동회
가 열렸는데, 장애물 달리기 경주를 하던 6학년 학생 1명이 신체에
장애가 있어 6년 내내 달리기에서 꼴찌만 하던 친구의 손을 잡고 같
이 뛰어 함께 1등으로 들어왔다는 내용이었다. 연골무형성증이라는
선천성 질병으로 고통받고 있는 그 학생은 흐르는 눈물을 훔치며 친
구들과 함께 달렸고, 생애 처음으로 달리기에서 1등을 할 수 있었다.
듣기만 해도 마음이 따뜻해지고 행복해지는 이야기이다.

이 사연이 기사를 통해 알려지자, 덧글란에는 벅찬 감동을 받았다
며 한목소리로 아이들을 칭찬하는 글들이 쏟아졌다.

"이 아이들처럼 배려하고 함께 살아간다면 우리 모두 1등이 되지
않을까?"

"동영상과 사진을 볼 때마다 눈물이 주르륵……."

"오히려 어른들이 초등학생들에게 배울 점이 많네요."

"함께 가면 멀리 갈 수 있다."

1등 지상주의에 물들어 어른들은 물론 아이들에게도 어릴 때부터
1등을 강조해온 한국 사회이기에, 이 아이들의 모습은 더 큰 감동과
함께 한국형 우분투의 가능성을 보여준다.

우리는 모든 분야에서 오로지 1등만을 외치며, 1등을 지상 과제로
삼고 살아간다. 가정에서도 학교에서도 직장에서도 사회에서도 1등

을 위해 갖은 노력을 다한다. 언제나 남보다 앞서가기 위해 끊임없이 자신을 몰아세우고, 1등을 해야만 행복이 이뤄진다고 믿는다. 1등만이 작금의 경쟁사회에서 살아남는 길이라고 생각하기 때문이다. 올림픽에서 은메달을 딴 것도 사실 대단한 일인데, 우리나라 국민들은 오직 금메달만 외치며 1등을 한 금메달리스트에게만 환호한다. 금메달을 딴 선수만 승리자로 인정하는 것이다. 은메달을 딴 선수는 마치 죄인이라도 된 것처럼 고개를 숙이고 눈물을 흘린다.

한때 "달리기를 하면서 2등을 앞지르면 나는 몇 등일까요?"라는 넌센스 퀴즈가 유행한 적이 있었다. 대부분 2등을 앞지르면 1등이 아닐까 생각하지만 정답은 2등이다. 1등을 앞지르지 못했으니 2등일 뿐이다. 1등을 원한다면 꼭 1등을 앞질러야 한다. 그러기 위해선 반드시 누군가를 이기거나 짓밟고 올라서야 한다. 그렇지 않으면 내가 짓밟힐 수도 있고 패배자가 될 수도 있다.

1등을 한다고 해서 꼭 행복이 따라오는 건 아니라는 사실을 우리는 주변의 수많은 사례를 통해서 쉽게 확인할 수 있다. 1등을 하는 그 찰나에는 세상 무엇과도 바꿀 수 없는 황홀한 기쁨을 맛볼 수 있다. 그러나 1등을 하는 순간, 1등을 유지해야 한다는 새로운 부담감을 지게 된다. 2등뿐만 아니라 구성원 모두를 잠재적 경쟁자로 볼 수밖에 없기 때문에 늘 초조감과 불안감에 젖어 지낸다.

국내에서 1, 2위를 다투는 것은 물론 글로벌 기업으로도 손꼽히던 국내 굴지의 두 그룹이 독일에서 열린 세계 가전 전시회^{IFA}에서 세탁기 파손 논란을 일으킨 적이 있다. 사건의 진상이나 행위의 잘잘못을 차치하고 이런 논란이 대서특필된 것 자체가 부끄러운 일이다. 아무리 자본주의 사회라 하더라도, 경쟁회사를 깎아내려서라도 이겨야겠다는 태도는 우리의 삶을 피폐하게 한다. 사사 세움보다 더 나은 제품을 만들고 선의의 경쟁을 통해 소비자에게 즐거움을 줄 수 있어야 한다.

이러한 측면에서 최근 애플이 차세대 모바일 칩 생산을 최대 경쟁사인 삼성전자에 맡기겠다고 한 것은 훌륭한 상생 케이스라 할 수 있다. 삼성전자는 아이폰과 아이패드용 저전력 고속력 칩을 대량 공급할 수 있는 능력을 갖고 있다. 아이폰이 많이 팔리면 삼성도 자연적으로 부를 창출할 수 있는 것이다. 단순한 적과의 동침을 넘어 함께 행복해지는 길을 찾으려 하는 우분투 리더십을 잘 보여준다.

나는 삶을 살아가는 방법에 따라 이 세상 사람들을 세 가지로 분류한다. 남의 것을 빼앗아서 살아가는 악당형 인간, 남에게 빌어먹으면서 살아가는 기생충형 인간, 그리고 스스로 땀 흘려 일하며 지금보다 더 나은 사회를 가꾸고자 하는 우분투형 인간. 그런데 지금처럼 남을 꼭 이겨야 대우받는 경쟁 위주 교육, 언제 어디서든 계량화된 수치로 비교하며 우열을 가리는 1등 지상주의 교육 시스템으로는 나만 잘살면 된다는 사회로 갈 수밖에 없다. 어떻게 해서든지 남의 것을 빼앗거나 빌어서 성공하려 할 테니 말이다. 그래서 더불어 행복하게 살아가는 법을 가르치지 않는 교육은 진정한 교육이 아니다.

이미 경쟁 위주 교육의 폐해를 경험한 서구에서는 우리보다 한 걸음 앞서 달라지고 있다. 독일을 비롯한 스위스, 스웨덴, 노르웨이, 핀란드 등 북유럽 국가들은 많은 지식보다 다 함께 행복하게 사는 법을 가르치는 것이 더 경쟁력 있는 교육이라는 사실을 확신했다. 그래서 꾸준히 국가 교육 시스템의 변화를 꾀해 왔고, 이를 통해 세계인들이 가장 살고 싶어 하는 복지 선진국이 되었다.

행복의 반대는 불행이 아니라 불만이다. 불평불만이 있으면 절대 행복할 수 없다. 그래서 이 시대에 함께 행복 우분투 리더십이 꼭 필요한 것이다. 남들을 다 이기고 혼자만 1등을 하려고 노력하기보다는 지금의 나보다 더 나아지려고 노력해야 한다. 노력의 방향이 나 자신이라면 남들과 항상 비교하거나 누군가를 꼭 이기려고 애쓰지 않아도 되고, 수치로 계량화하여 순위로 줄 세우지 않아도 된다. 불평불만을 가지지 않아도 된다.

지금의 나보다 더 나아지는 만큼 행복은 지속적으로 커진다. 또한 남을 짓밟아 이기는 것이 아니기 때문에 함께 행복을 공유할 수 있다. 사촌이 땅을 사면 배가 아픈 불평불만의 사회를 벗어나, 구성원 모두가 각자 자신의 잠재능력을 한껏 발휘하며 지금의 나보다 더 나은 모습으로 발전해나가는 함께 행복한 우분투 사회를 만들 수 있다.

흔히 인생을 마라톤에 비유한다. 42.195km 마라톤 풀코스를 8번 완주해본 내 경험으로 봤을 때, 마라톤에서 가장 중요한 원칙은 자신의 페이스대로 달려야 한다는 것이다. 자신의 능력과 연습량에 맞게 뛰어야 완주가 가능하다. 당일 컨디션이 좋다고 평소보다 빨리 뛰거나, 누가 자신을 앞질러 간다고 흥분하여 그 사람을 이기려고 따라 달리는 사람은 대부분 완주에 실패하고 본인 평균 기록보다도 좋지 않은 결과를 얻는다. 지난 마라톤 기록보다 조금 더 좋은 기록을 내는 유일한 방법은 평소 자신이 행복한 방식으로 꾸준히 연습하고 달리는 것이다. 그래야 행복한 마라톤이 될 수 있고 성과도 더 좋아진다.

자신의 능력과 관계없이 항상 남들과 비교하며 살아가다 보면 인생이 늘 괴롭고 피곤하며 불행하다. 남들과 비교하는 삶이 아니라 내가 지난해 이룬 것보다 조금 더 나은 삶을 이루기 위해 노력을 한다면 행복이 함께 따라온다.

어른들의 1등 지상주의를 참으로 부끄럽게 만든 초등학교 운동회의 훈훈한 풍경은 1등을 꼭 혼자만 해야 하는 것인가 하는 질문을 우리에게 던진다. 나 혼자만 1등을 하겠다고 달린다면 누군가는 2등, 3등, 4등 그리고 꼴등을 할 수밖에 없다. 1등을 한 사람은 기쁠지 몰라도 꼴등을 한 사람은 고통스럽고 슬프다. 더군다나 한번 1등을 했다고 해서 그것이 영원히 가는 것도 아니다. 1등만 하고 살려다가 결국 1등으로 죽는다는 이야기가 있다. 뒤돌아보지 않고 1등만을 위해 쉴 새 없이 달리는 삶이 과연 행복할까? 누군가를 꼴찌로 만들지 않고 함께 손잡고 달리는 우분투의 지혜가 필요한 시점이다.

　내 초중고 시절, 장애가 있는 친구를 일거수일투족 부축하고 도와가며 한 몸이 되어 학교를 다니던 친구가 있었다. 그 친구는 많이 힘들었을 법도 한데 얼굴을 찌푸리거나 싫은 티를 내지 않았다. 오히려 언제나 밝고 행복한 표정을 지었다. 함께 행복해지는 우분투 리더십을 이미 아는 친구였던 것이다. 함께 행복 우분투 리더십은 누구 하나 꼴찌가 되지 않고 다함께 1등이 되는 사회를 지향한다. 학교 성적처럼 숫자로 줄을 세워 비교하거나 경쟁하는 것이 아니라 각자의 잠재능력을 계발시켜 각자가 잘하는 일과 더 잘 할 수 있는 일을 융합하여 유기적으로 성장하는 것이다. 단기적인 성과를 내는 데 그치지 않고 지속가능한 행복을 쌓아간다. 서로 유기적으로 기여하며 어제보다 더 나은 그룹, 조직, 단체, 회사, 사회를 만들어간다.

한 발 앞서나가는 용기 있는 리더

　우분투 리더십은 기존 승자독식의 문화를 깨고 모두가 함께 공유하는 새로운 비전을 제시하는 혁신 중의 혁신이다. 따라서 우분투 리더십을 실천하는 데에는 커다란 용기가 필요하다. 자리, 성과, 평가, 시선, 조건, 수치심 등에 연연하지 않고 두려움을 오히려 용기로 바꿀 수 있는 리더가 진정한 우분투 리더이다.

　눈앞의 성과에 안달하며 "나를 따르라!" 하고 구성원들을 닦달하면 당장 결과는 얻을 수 있다. 그러나 마른 수건을 짜내는 방식의 리더십은 그룹은 물론이고 구성원들을 죽인다. 나만이 해낼 수 있다는 자만심과 당장의 성과를 위한 독재적 리더십의 유혹에서 벗어나는 것이 진정한 리더의 용기이다. 성웅 이순신 장군의 해전을 나룬 영화 〈명량〉에서 이순신 장군이 했던 대사가 지금도 생생하다.

"두려움을 용기로 바꿀 수만 있다면……."

이것이 함께 행복한 우분투 리더십의 화두이다. 모든 두려움과 불리함을 용기로 바꿔 세계 해전 역사상 전무후무한, 스물세 번 싸워 스물세 번 승리하는 전승을 거둔 불멸의 이순신 장군. 그처럼 용기를 갖기 위해서는 굳건한 확신과 자신만의 비전이 있어야 한다.

11세기경, 잉글랜드 중부 지방의 레오프릭 영주는 혹독하게 세금을 징수했다. 영지의 농민들은 힘들게 농사를 지으면서도 과도한 세금 때문에 가난의 수렁에서 헤어나오지 못했다. 그 비참한 모습을 보다 못해 반기를 든 사람이 있었다. 그 사람은 농민의 대표도 의병도 아닌 영주의 부인, 레이디 고다이버였다.

그녀는 남편인 영주의 과중한 징세를 과감히 비판하며 농민들의 세금을 낮춰 줄 것을 강력하게 요구했다. 하지만 욕심이 많은 영주는 부인의 요구에 코웃음을 치면서 이렇게 비꼬았다.

"그 사랑이 진심이라면 말로만 하지 말고 몸으로 실천해 보라. 만약 당신이 완전한 알몸으로 말을 타고 영지를 한 바퀴 돌면 세금 감면을 고려하겠다."

영주는 아내의 요구를 가당찮은 행위라고 비웃었다. 그리고 앞으로는 영주의 정책에 반대하지 못하도록 하기 위해, 세금을 낮춰주지 않을 요량으로 부인이 도저히 실천하기 어려운 제안을 했다. 자의로 걸을 수도 없고 자신의 벗은 몸을 숨기지도 못한 채 말을 타고 영지를 도는 것은 결코 할 수 없을 것이라고 생각한 것이다.

하지만 그녀는 그 제안을 즉시 받아들였다. 그리고 그 다음날, 이른 아침부터 말 등에 올라 영지를 돌았다. 자신들을 위해 젊은 영주 부인이 알몸으로 영지를 돈다는 소문을 접한 농민들은 집집마다 문과 창을 걸어 잠그고 커튼을 내렸다. 이렇게 아무도 부인을 보지 않음으로써 농민들은 영주 부인의 용기와 결단, 희생에 경의를 표했다.

이때 레이디 고다이버의 나이는 겨우 16세였다. 그 어느 시기보다 수치심과 두려움이 클 16세의 어린 나이. 하지만 그녀는 수치심과 두려움을 용기로 바꾸고, 농민들의 세금을 낮추고 함께 행복한 마을을 만들겠다는 우분투 리더의 자세로 과감한 도전에 나섰다. 농민들 또한 그녀의 마음에 응함으로써 우분투 공동체 정신을 공유했다.

전해내려 오는 관습과 상식을 깨는 행동을 일컬어 '고다이버이즘 godivaism'이라고 한다. 당시 상상조차 할 수 없었던 용기와 의협심으로, 의로운 일을 위해 자신을 희생한 레이디 고다이버의 이름을 딴 것이다.

선수가 패배에 대한 두려움을 갖고 경기를 하면 절대 이길 수 없다. 그러나 아무리 강한 상대와 대결을 하더라도 이길 수 있다는 신념과 용기를 갖고 경기에 임하면 이길 수 있다. 이것이 용기의 힘이다. 물론 가장 큰 용기를 가져야 할 사람은 리더다. 구성원이 두려움을 용기로 바꿔 자신감 있게 경기에 임하는데 경기의 지휘자이자 기획자인 리더가 과거의 지속적인 패배나 성과에 대한 두려움에 얽매인다면 팀은 패배할 수밖에 없다.

우루과이 전 대통령 호세 무히카Jose Mujica는 재임 시절인 2012년, 브라질 리우에서 열린 리우 환경 정상회담에 참석하였다. 그곳에서 그가 한 연설은 함께 행복 우분투 리더십에 필요한 리더의 용기와 비전을 더없이 잘 보여준다.

저는 이 자리에서 몇 가지 의문을 말씀드리고자 합니다. 오후 내내 우리는 지속가능한 발전과 빈곤을 없애는 문제에 대해 논의했습니다. 과연 우리의 본심은 무엇입니까? 잘 사는 여러 나라의 발전과 소비 모델을 흉내 내자는 것 아닙니까?

여러분들에게 묻습니다. 독일 가정에서 보유한 자동차와 같은 수의 차를 인도인이 소유한다면 이 지구는 어떻게 될까요? 우리가 숨 쉴 수 있는 산소가 어느 정도 남을까요? 서양의 부유한 사회가 하는 그런 소비 행태를 세계의 70~80억 명이 할 수 있을 정도의 자원이 지구에 있을까요? 그게 가능합니까? 아니면 언젠가 우리가 다른 논의를 해야만 할까요?

왜냐하면, 우리가 사는 이 문명은 우리가 만든 것이기 때문입니다. 그 문명은 시장 경제와 경쟁이 낳았습니다. 그리고 무한의 소비와 발전을 요구하고 있습니다. 그리고 시장경제가 시장 사회를 만들었습니다. 나아가 시장 경제가 자원을 찾아 세계 곳곳을 다니는 세계화를 만들었습니다.

우리가 세계화를 통제하고 있습니까? 아니면 세계화가 우리를 통제하고 있습니까? 이런 무자비한 경쟁에 바탕을 둔 경제 시스템 아래서 우리가 연대나 더불어 살아가자는 논의를 할 수 있나요? 어디까지가 동료이고 어디까지가 경쟁 관계인가요?

제가 이런 말씀을 드리는 이유는 이번 회의와 행사의 중요성을 비판하기 위해서가 아닙니다. 그 반대입니다. 우리 앞에 놓인 큰 위기는 환경의 위기가 아닙니다. 그 위기는 정치적인 위기입니다. 현대에 이르러 우리는 인류가 만든 이 거대한 세력을 통제하지 못하고 있습니다. 도리어, 이 같은 소비사회에 통제당하고 있다는 것입니다.

우리는 발전을 위해 태어난 것이 아닙니다. 우리는 행복하기 위해 지구에 온 것입니다. 인생은 짧고, 바로 눈앞에서 사라지고 맙니다. 생명보다 더 귀중한 것은 존재하지 않습니다.

대량 소비가 세계를 파괴하고 있음에도 우리는 고가의 상품을 소비하는 생활 방식을 유지하기 위해 인생을 허비하고 있습니다. 소비가 사회의 모토인 세계에서 우리는 계속해서 많이 그리고 빨리 소비를 해야만 합니다. 소비가 멈추면 경제가 마비

되고 경제가 마비되면 불황이라는 괴물이 우리 앞에 나타납니다. 대량소비를 지속하기 위해서는 상품의 수명을 단축해야 하고 가능한 한 많이 팔도록 해야 합니다. 즉, 10만 시간을 사용하는 전구를 만들 수 있어도 1,000시간만 쓸 수 있는 전구만을 팔아야 하는 사회에 살고 있는 것입니다! 그렇게 긴 시간 사용할 수 있는 전구는 이런 사회에서는 좋은 물건이 아니기 때문에 만들어서는 안 되는 것이지요. 사람들이 더 일하고 더 많이 팔 수 있는 '일회용 사회'를 지속해야 합니다.

우리가 악순환에 갇혀 있다는 것을 알고 계십니까? 이것은 분명히 정치 문제이고 지도자들은 이 문제를 해결하기 위해 다른 방법을 써서 세계를 이끌어가야 합니다. 동굴에서 살던 시대로 돌아가자는 것이 아닙니다. 시장을 통제해야만 한다는 것을 말씀 드리는 것입니다.

제 부족한 식견으로 보면 우리가 맞닥뜨리고 있는 문제는 정치적인 것입니다. 먼 옛날의 현자들, 에피쿠로스, 세네카, 아이마라 민족까지 이렇게 말합니다. "빈곤한 사람은 조금만 가진 사람이 아니고, 욕망이 끝이 없으며 아무리 많이 소유해도 만족하지 않는 사람이다." 이것은 문화적인 문제입니다.

제 연설 중에 귀에 거슬리는 단어가 많이 있을 것이라 생각하지만, 수자원 위기와 환경 위기가 문제의 근본 원인이 아니라는 것을 알아주셨으면 합니다. 근본적인 문제는 우리가 만든 사회 모델입니다. 그리고 반성해야 하는 건 우리들의 생활방식입니다.
저는 환경자원이 풍부한 작은 나라의 대표입니다. 우리나라 국민은 300만 명밖에 안 됩니다. 그러나 우리나라에는 세계에서 가장 맛있는 1,300만 마리의 소가 있습니다. 염소도 800만에서 1,000만 마리 정도 있습니다. 우리나라는 식량, 유제품, 고기를 수출하는 나라입니다. 아주 작은 나라임에도 토지의 90%가 비옥합니다. 제 동지들인 노동자들은 8시간 노동을 쟁취하기 위해 싸웠습니다. 그리고 지금은 6시간 노동을 만들어가고 있습니다. 하지만 6시간 노동을 하게 된 사람들은 다른 일도 하고 있어 결국 이전보다 더 오랜 시간 일하고 있습니다. 왜일까요? 그는 오토바이나 자동차 등의 구매에 들어간 할부금을 갚아야 하기 때문입니다. 그가 그 돈을 다 갚고 나면 자신이 저처럼 류마티스 관절염을 앓는 노인이 되어 있고, 자신의 인생이 이미 끝나간다는 것을 깨달을 것입니다.

어떤 사람은 이렇게 묻습니다. 이것이 인류의 운명이 아닌가? 라고요. 제가 말하려는 것은 너무도 간단합니다. 개발이 행복을 가로막아서는 안 됩니다. 개발은 인류에게 행복을 가져다주어야 합니다. 개발은 행복, 지구에 대한 사랑, 인간관계, 아이 돌봄, 친구 사귀기 등 우리가 가진 기본적인 욕구를 충족시켜줘야 하는 것입니다. 우리가 가진 가장 소중한 자산은 바로 행복이기 때문입니다. 우리가 환경 문제 해결을 위해 싸울 때 우리는 환경 문제의 가장 핵심 가치가 바로 인류의 행복이라는 점을 기억해야 합니다. 감사합니다.

리더의 용기가 어떤 것인지 확실히 일깨워주면서, 우리 삶과 인류의 지향점을 본질적으로 되돌아보게 하는 위대한 연설이다. 우리가 사는 세상을 함께 행복한 우분투 사회로 만들어가야 한다는 호세 무히카의 정신이 이 연설에 고스란히 담겨 있다.

지구에서 가장 가난한 대통령이라 불리는 호세 무히카는 젊은 시절부터 우루과이의 민주주의를 위해 헌신한 인물이다. 반정부 무장단체 투빠마로스에서 활동하다가 투옥을 당하고, 감옥을 탈출했다가 다시 잡히는 등 14년을 감옥에서 지냈으며 게릴라 활동 중 6번이나 총에 맞았다고 한다. 1985년에 우루과이의 군부 독재정권이 무너지고 나서 사면복권된 그는 정계에 투신하였다. 1999년 상원의원에 진출하였고 2005년에 농목축수산부장관에 임명되었으며 2010년 드디어 대통령에 당선되어 취임했다. 그는 재임 중에 대통령궁을 노숙자 쉼터로 내어주었으며 대통령 월급 1,300만원 중 90%를 빈민주택기금으로 기부하기도 했다. 비용절감을 위해 대통령 전용 차량을 이용하지 않고 28년 째 타고 다니던 자신의 폭스바겐 비틀을 이용하였으며 대통령 경호원도 2명만 두었다. 가난했던 우루과이를 5.5%대의 경제 성장으로 이끌어 국민소득 15,000달러 이상을 달성했으며, 퇴임 때까지 우루과이 국민 65% 이상의 지지를 받았고 퇴임 후에도 우루과이를 살린 위대한 국가 지도자로 평가받고 있다.

무히카는 특히 사람들이 함께 행복해지는 방법을 찾는 데 힘을 기울였다.

"일자리를 만들어 일할 수 없는 사람들이 일을 하고 세금을 낼 수 있게끔 도와줘야 합니다. 정부는 불평등 해소를 위해 싸워야 합니다."

우루과이 국민들은 이런 무히카를 자신들의 동지라고 부른다. 무히카가 자신들의 생활을 이해하고, 자신들과 함께 싸우고, 함께 일을 한다고 믿는다. 그야말로 우분투 리더의 표본이다.

권력이나 힘이 있는 것이 중요한 것이 아니라 그 권력과 힘을 어떻게, 어디에 사용하는가가 중요하다. 작은 권력이라도 그 힘을 나보다 더 어려운 이웃을 위해 쓴다면, 그것이 바로 참되고 강한 리더이다. 이러한 리더는 아름답다. 그러나 쥐꼬리만 한 권력을 갖고 있다고, 남보다 힘이 좀 있다고 사회적 약자를 괴롭히고 갈취하거나 그 위에 군림하는 리더는 나쁜 리더이다. 솔직히 말하면 추하다. 최근 사회문제가 되고 있는 갑질 문화야말로 함께 행복한 사회가 아니라 함께 불행한 사회를 만드는 원흉이며 분명한 죄악이다. 너나 할 것 없이 우리 모두가 힘을 모아 배격해야 하며, 나부터 먼저 갑질의 유혹에서 단호하게 벗어나는 리더의 용기가 필요한 시대이다.

호세 무히카는 임기를 마치자 자신의 유일한 재산인 32년 된 폭스바겐 비틀 중고차를 타고 대통령궁을 나왔다. 그리고 대통령이 되기 전에 33년 동안 살았던 전통가옥으로 돌아가 예전처럼 살고 있다. 지구상에서 가장 아름다운 퇴임이 아닐 수 없다. 떠나는 이의 뒷모습이 얼마나 아름다운가. 그는 우루과이를 넘어, 우리 삶과 인류의 삶이 어디로 가야 할 것인지 그 지향점을 본질적으로 제시하고 있다.

리더에게는 언제나 상상 이상의 과제들이 시시각각 다가온다. 그것이 리더의 운명이다. 그럼에도 불구하고 리더는 눈앞의 성과와 이익을 넘어, 그룹 목표에 대한 공감의 동기부여를 통해 구성원들 각자가 갖고 있는 능력을 계발할 기회를 부여해야 한다. 그럼으로써 구성원이 그 무한한 잠재능력으로 그룹의 목표를 달성하는 것은 물론, 구성원 모두가 함께 행복을 이룰 수 있도록 하는 것이다. 함께 행복한 사회를 펼쳐가기 위한 리더의 용기가 더욱 필요한 시대이다.

함께 행복한 나눔의 리더

인도의 무저항 독립운동 지도자이자 인권운동가였던 마하트마 간디Mahatma Gandhi의 이야기다. 간디가 지방에 가기 위해 막 출발하려는 기차에 급하게 올라탔는데, 서두르다 그만 신발 한 짝이 벗겨져 기차역 플랫폼 바닥으로 떨어졌다. 그런데 간디가 미처 신발을 줍기도 전에 열차가 출발하고 말았다. 곁에 있던 수행인이 안타까워하는데, 갑자기 간디가 나머지 신발 한 짝을 벗어 기차 밖으로 던졌다. 신발은 플랫폼에 놓인 신발 한 짝 근처에 툭 하고 떨어졌다.

간디의 행동을 이해하지 못한 사람들은 어리둥절하며 그 이유를 물었다. 그러자 간디가 행복한 미소를 띠며 대답했다.

"신발 한 짝은 누구에게도 쓸모가 없는 것입니다. 하지만 저 신발을 주운 사람은 신발 한 켤레를 제대로 얻을 수 있게 될 테니 유용하게 신을 수 있지 않겠습니까? 만약, 가난한 사람이 줍는다면 더욱 좋은 일 아니겠습니까?"

당시 인도에는 가난하여 신발을 신지 못하고 맨발로 걸어다니는 사람이 많았다. 자신이 신고 있던 신발 한 짝을 떨어뜨리자 나머지 신발 한 짝을 마저 기차 밖으로 던져 누가 주워도 제 짝을 맞춰 바로 신을 수 있도록 배려한 것이다.

우리가 똑같은 상황이었다면 과연 어떻게 행동했을까? 어쩌면 쓸모가 없어진 나머지 신발을 품에 움켜 안고 기차 바닥에 주저앉아 자신의 부주의를 탓하거나, 화를 못 이기며 가슴을 치거나, 잃어버린 신발을 아쉬워하면서 어떻게 걸어 다닐지 걱정하고 있지 않았을까?

그러나 그 짧은 순간, 간디는 신발을 잃은 것을 아쉬워하지 않았다. 그 신발을 누가 가져갈지, 그 사람에게 무엇을 얻을 수 있을지도 생각하지 않았다. 누군지도 모르는 사람에게 자신의 신발을 양보하고, 쓸모 있는 신발을 가난한 사람이 주우면 좋겠다고 스스로 만족한 것이다. 이렇듯 나 아닌 다른 사람을 위해 찰나의 순간에도 배려를 놓치지 않은 간디였기에 20세기 최고의 성인으로 손꼽히며 지금까지도 많은 사람의 존경을 받고 있는 것이다.

성공한 리더들은 한결같이 나누며 살아왔기에 성공할 수 있었다고 이야기한다. 자신의 잠재능력과 시간을 주위 사람에게 아낌없이 나눌 수 있는 삶이 성공의 지름길이다. 좀 더 성공한 뒤에, 좀 더 경제적으로 나아졌을 때 나누겠다고 다짐만 하는 것이 아니라, 지금 내가 가진 것을 나누는 삶이 나를 성공의 길로 안내한다. 남을 먼저 배려하는 아름다운 생각과 마음을 가진 사람이 함께 행복한 우분투 사회를 만든다. 간디와 같은 사랑을 베풀기는 어려울지 몰라도, 우리 역시 지금 우리 주위에 어렵게 살아가고 있는 사람들에게 작지만 소중한 사랑을 보낼 수는 있다. 용기를 내어 한 발짝만 다가간다면 그 길이 바로 함께 행복한 우분투 리더로 향하는 길이다.

1960년대는 대한민국 국민 대부분이 참 어렵게 살던 시절이었다. 꽁보리밥 도시락조차도 싸오지 못하는 학생들이 한 반에도 여럿이었다. 나의 담임 선생님은 점심을 굶는 학생들을 위하여 자신의 도시락을 내어 주셨다. 그분은 솔선해서 나눔을 하셨을 뿐 아니라 반 전체가 나눔에 동참할 수 있도록 여러 가지 제안을 하셨다. 좀 여유가 있는 집안의 학생들에게 밥 굶는 친구들을 위해 도시락 하나 더 싸 오도록 부탁하는가 하면, 학우들의 도시락에서 한 수저씩을 덜어 모아서 도시락을 싸오지 못한 친구들이 점심을 굶지 않게 했다. 말 그대로 십시일반 우분투 리더십을 실천하신 것이다.

선생님의 제안 가운데 가장 인기가 있었던 것은 '4반 비빔밥'이었다. 학생들의 점심 도시락을 모두 모아 누렇고 큰 양은 광주리에 넣고 비벼 만든 비빔밥이다. 특히 겨울에는 조개탄 난로 위에 큰 양은 양푼을 올려놓고 함께 비벼 먹었는데, 요즘의 돌솥비빔밥보다 더 맛이 있었다. 세상에서 가장 맛있는 음식은 고급 호텔 최고 셰프의 럭셔리 요리가 아니었다. 그렇게 여럿이 함께 나누어 먹는 음식이 모두가 함께 행복한 우분투 식사였다.

4반 비빔밥 덕분에 점심도시락을 싸오지 못한 학생들은 미안한 마음 없이 밥을 먹을 수 있었다. 그리고 반 학생 모두 모여 맛있게, 부족함 없이 나누어 먹으면서 함께 우정과 행복을 만끽할 수 있었다.

비빔밥은 분단별로 나눠서 덜어주었는데, 희한한 건 밥이 모자라다고 말하는 학생들이 한 명도 없었다는 사실이다. 한 반에 도시락을 싸 오지 못한 학생들이 꽤 있었기 때문에 산술적으로는 밥이 부족해야 맞는데, 이상하게도 모두 다 배불리 먹을 수 있었다. 아마도 모두들 나보다 친구가 한 숟가락 더 먹으라는 마음으로 서로를 배려하느라 한 수저씩을 덜 먹고, 충분히 먹었다며 수저를 내려놓았기 때문일 것이다. 이를 우리는 '비빔밥의 신비'라고 불렀다.

비빔밥이 가져온 신비한 현상은 또 있었다. 전체 학생들이 함께 웃으며 맛있는 식사를 나누다 보니 급우 간 동료애와 우의는 더없이 돈독해졌다. 급우 가운데 한 명이 어려움에 처하면 누가 먼저랄 것도 없이 함께 나서서 도움을 주었다. 돌아보면 그 때가 내 인생에서 가장 행복한 시간이었던 것 같다.

4반 비빔밥은 학생들의 우정을 키워주는 계기가 되었으며, 나눔의 신비함을 경험하게 했고, 그 풍족함을 통해 행복이 무엇인지 알려 주었다. 4반 친구들과 함께 경험했던 비빔밥의 신비는 성경에 나온 오병이어의 기적과 같았다. 그때의 급우들 대부분이 곧 예순을 바라보는 시금 각사 사신의 분야에서 성공과 행복을 이루며 잘 살고 있는 것도, 아마 어릴 적에 경험한 서로에 대한 배려심과 감사의 마음을 평생 간직하며 살아온 덕분이지 싶다. 다시금 돌이켜보아도 가장 아름답고 지혜로웠던 우분투 리더십이었다.

그러나 자신의 것은 내놓지 않으면서 함께 행복을 가꾸겠다는 자세로는, 아무리 좋은 명분을 갖는 사업이라 할지라도 결코 성공할 수 없다.

어느 마을에서 마을 발전 회의가 열렸다. 마을 주민들이 모두 모이자 촌장이 회의를 진행한다.

"마을의 발전을 위해 의견이 있으신 분은 말씀해 주시기 바랍니다."

그러자 중간쯤에 앉아있던 중년 남자 한 사람이 일어섰다.

"발전 사업을 추진하기 위해서는 자금이 필요합니다. 우리 마을 각소 키우는 집마다 소 한 마리씩을 내놓도록 합시다!"

그러자 여기저기서 찬성의 목소리가 들리더니 박수가 쏟아졌다. 좋은 의견이라며 찬사가 오가고, 만장일치로 소를 키우는 집에서 소 한 마리씩을 내놓기로 결정되었다. 그러자 맨 앞에 앉아있던 아주머니가 손을 들었다.

"소를 키우는 집에서 소 한 마리씩을 내놓기로 하였으니 기왕이면 돼지를 키우는 집에서도 돼지를 한 마리씩 내놓읍시다!"

이번에도 박수가 쏟아졌다. 곧 주민들은 돼지를 키우는 집마다 돼지 한 마리씩을 내놓기로 의결했다. 마을 주민들의 적극적인 태도에 고무된 촌장은 감사함을 전하면서 물었다.

"또 다른 의견 말씀해주실 분이 있습니까?"

뒤쪽에 앉아 있던 노인이 말했다.

"그러면 닭 키우는 집에서도 닭 한 마리씩 내놓는 게 어때요?"

그러자 회의에 참석한 주민들은 곳곳에서 수런거리기만 할 뿐 아무런 반응을 하지 않았다. 닭보다 값나가는 돼지나 소를 내놓자는 제안에는 만장일치로 찬성하던 마을 주민들이 고작 닭 한 마리를 내놓자는 제안에는 오히려 반대의사를 표시한 것이다.

참으로 납득하기 어려운 반응이었지만 그이유를 이해하기까지는 시간이 그리 오래 걸리지 않았다. 즉, 그 마을에는 소나 돼지를 기르는 집은 없었으나 닭은 집집마다 기르고 있었던 것이다. 그러니 소나 돼지를 내놓자는 제안에는 내가 내놓지 않아도 되니 하나같이 찬성하였지만 닭을 내놓자는 의견에는 주민 모두가 반대하였던 것이다. 자신의 것은 하나도 내놓지 않으려는 것이다. 우분투 사회를 만들기 위해서는 나눔의 가치를 공유하는 것이 필요하고, 이를 위해서는 우분투 리더의 역할이 중요하다.

솔선하여 우분투 리더십을 실천하고 전파하는 리더의 가치를 잘 보여주는 나라는 미국이다. 미국은 나라가 독립된 지 300년이 채 안

되었지만 세계 최강국의 위치를 계속 유지하고 있다. 그 이유는 여러 가지 있겠지만 리더십을 오래 연구하고 강의해온 교수로서 살펴보면 결국 부를 축적했던 미국의 대 기업가들이 노블레스 오블리제를 실천하며 서액의 기부금을 내놓는 전통이 잘 다져져 있기 때문이 아닌가 한다. 함께 행복 우분투 리더십이 미국과 국민들에게 크게 기여한 것이다.

대표적인 인물이 철강왕 카네기Andrew Carnegie다. 그는 "통장에 많은 돈을 남기고 죽은 사람처럼 치욕적인 인생은 없다."는 명언을 남겼다. 1901년 현업에서 은퇴한 카네기는 자신이 평생 일군 3억 달러 이상의 재산을 교육·문화 분야에 모두 기부했다. 1919년 카네기가 사망했을 때 그의 수중엔 2,500달러뿐이었다.

한때 '미국에서 가장 혐오스러운 인물'이라고 비난을 받았던 석유왕 록펠러John Davison Rockefeller 또한 위대한 자선가로 기억되고 있다. 그는 33세에 백만장자가 되었고 43세에 미국의 최고 부자가 되었으며 53세에 세계 최대 갑부가 되었지만 행복하지 않았다고 한다. 심지어 54세 때 불치병으로 1년 시한부 선고를 받았다.

검진을 받기 위해 병원으로 들어가던 록펠러는 병원 로비에 걸린 액자를 보았다. 거기에는 "주는 자가 받는 자보다 복이 있다."는 글귀가 있었다. 그것을 보는 순간 큰 감명을 받은 록펠러가 생각에 잠겨 있는데, 주변에서 시끄러운 소리가 들려왔다. 입원비 문제로 사람들이 다투는 소리였다. 한 병든 소녀의 어머니가 제발 입원을 시

커달라고 애원을 하고 있는데, 병원에서는 병원비가 없으면 입원이 안 된다며 거절하고 있었던 것이다. 록펠러는 비서를 시켜 아무도 모르게 그 소녀의 병원비를 지불하였고, 얼마 후 소녀가 치료를 받아 기적적으로 회복하는 모습을 지켜볼 수 있었다. 당시 록펠러는 얼마나 기뻤던지 자서전에서 "저는 살면서 이렇게 행복한 삶이 있는지 몰랐습니다."라고 회고했다.

이 일은 록펠러에게 삶의 터닝 포인트가 되었다. 그가 나눔의 삶을 결심하고 실천하기 시작하자, 평생 느끼지 못했던 행복을 만끽하게 되었고 신기하게도 불치병이 사라졌다고 한다.

그는 건강을 되찾자마자 자선 사업에 뛰어들어 "세계 인류의 복지 증진을 위해"라는 캐치프레이즈로 유명한 록펠러 재단을 세워 5억 달러 이상을 기부하기도 했다.

록펠러는 다시 태어난 마음으로 나눔을 실천하며 98세까지 살았다. 말년에 그는 "인생 전반기 54년은 쫓기며 살았지만 후반기 44년은 행복하게 살았다."고 회고하였다. 그리고 그는 지금까지 위대한 자선가로 미국인들의 기억에 남아있다.

이러한 기부문화는 오늘날의 기업가들에게도 계속 전해지고 있다. 빌 게이츠 역시 부인과 함께 빌&멀린다 게이츠 재단을 만들어 세계 최고의 기부왕으로 자리매김했으며, 투자회사 버크셔 해서웨이의 최고경영자이자 세계 2위 부자, 워런 버핏Warren Buffett도 전 재산의 85%인 440억 달러(약 42조원)를 기부하겠다고 하며 세계적인 갑부들의 기부 문화에 큰 바람을 일으켰다. 검소한 생활로도 유명한 버핏은 1958년 3만 2000달러(약 3000만 원)에 구입했던 담장과 대문도 없는 집에 지금도 살고 있다. 그는 유산보다는 능력에 의해 성공할 수 있는 사회를 만늘어야 한다며 조지 W. 부시 대통령의 상속세 폐지 법안에 반대했고, 세 자녀와 손자들에게 재산을 물려주지 않았다.

300년간 부를 이어온 것으로 유명한 우리나라의 경주 최부잣집도 함께 행복 우분투 리더십을 실천해왔다. 최부잣집에 전해지는 가훈은 한국판 노블레스 오블리주의 참모습을 보여준다. ①과거를 보되 진사 이상은 하지 말라. ②재산은 만석 이상은 모으지 말고 사회에 환원하라. ③과객을 후하게 대접하라. ④흉년기에는 남의 논밭을 매입하지 말라. ⑤최 씨 가문 며느리는 시집온 후 3년 동안 무명옷을 입어라. ⑥사방 100리 안에 굶어죽는 사람이 없게 하라. 이 여섯 가지 가훈은 경주 최부잣집을 지속가능하게 유지시킬 수 있었던 비결이면서 사방 100리 안의 사람들과 함께 행복하게 살아가고자하는 우분투 리더십의 구현이었다.

얼마 전 대림산업의 이준용 명예회장은 대림산업과 관련된 비공개 주식을 포함한 2,000억 원 가량의 재산을 '통일 나눔 펀드'에 기부한다고 밝혔다. 외국에서와 달리 우리나라에서는 대기업 총수가 스스로 재산을 기부하는 사례가 흔치 않아 이준용 명예 회장의 도네이션 소식은 매우 신선하고 아름다웠다.

남북한 통일 시대를 대비하는 그의 비전 있는 결단은, 함께 행복 우분투 리더십을 보여주는 좋은 사례이다. 기부에 적극적으로 참여하는 외국의 CEO들처럼, 이 일을 계기로 우리나라 기업인들의 기부 축제가 계속 이어져 대한민국 국민의 자긍심을 드높임은 물론, 함께 행복 우분투 사회가 펼쳐지는 계기가 되었으면 한다.

꼭 유명인이나 엄청난 재산을 가진 부자들만 우분투 리더십을 실천할 수 있는 것은 아니다. 메르스 여파로 전국이 휘청거렸던 2015년, 청주의 한 세입자는 건물주로부터 이러한 문자 메시지를 받았다. "메르스 여파로 어려움을 겪는 분들을 위해 고통 분담 차원에서 이달 월세는 반만 받겠습니다."

당시는 메르스라 불리는 중동호흡기 증후군의 위협으로 전 국민이 위축되어 있었다. 외국 관광객이 급속도로 줄고 장사도 되지 않아 특히 동네 가게들이 막대한 타격을 받고 있었다. 모두가 힘든 시기에 먼저 나서서 나눔을 실천한 이 건물주의 이야기는 메르스로 인해 상처를 받은 전 국민의 가슴을 훈훈하게 적셨다. 경기도 의정부시의 한 고깃집 주인도 건물주로부터 월세 160만 원을 내지 않아도 된다는 메시지를 받았다. 특히 건물 주인은 최근 5년간 월세를 한 번도 올리지 않았고 정작 자신은 개인택시를 몰고 있는 것으로 알려져 국민들에게 큰 감동을 주었다.

이처럼 함께 어려움을 극복하려는 아름다운 모습이 함께 행복 우분투 사회의 기틀이다. 그러나 이 시기에 더 큰 어려움을 겪었고 아직도 그 여파에서 벗어나지 못한 소규모 자영업자들이나 소상공인들이 전국적으로 무수함에도 불구하고, 우리나라 정치 지도자들이 그들에게 실질적인 도움을 주며 우분투 리더십을 실천하는 모습을 보이지 않았다는 것이 참으로 안타까울 뿐이다.

국가든, 사회든, 단체든, 직장이든, 가정이든, 살다보면 언제 어느 때라도 어려움과 시련이 닥치게 마련이다. 이때 리더는 그저 구성원들을 향해 이 어려움을 함께 감당하자, 고통을 분담하자고 외치기만 해서는 안 된다. 말로만 그치지 않고 우분투 리더십을 실천하는 모습을 먼저 보여야 한다. 세입자에게 세를 받지 않거나 반으로 절감해주었던 건물주처럼, 국민이나 구성원들에게 닥친 어려움과 고통을 이겨낼 구체적인 방안을 내놓고 솔선하여 실천하는 것이 리더들의 몫이다.

국가는 부유한데 국민은 가난하다면, 정부에서 발표하는 경제지표는 좋은데 국민이 체감하는 경기가 나쁘다면, 경제가 살아나고 있다고 정치인들은 외치는데 국민의 피부에는 전혀 와 닿지 않는다면, 회사는 최고의 실적을 올렸는데 그 성과가 배분되지 않아 직원들은 어려움을 겪고 있다면, 그 사회는 누가 뭐래도 함께 행복 우분투 사회라고 할 수 없다.

작은 모임에서부터 회사, 단체, 지역사회에 이르기까지, 구성원들이 자신을 내려놓고 함께할 때 공동체가 발전한다. 자기를 희생하지 않고 남의 희생만 바란다면 상생 발전을 이룰 수 없다. 구성원들이 자신을 내려놓을 수 있도록 하는 것도 리더의 역할이다. 목표나 비전을 잘 제시해주고 솔선하여 나누면서 희망을 보여주면, 자연스럽게 구성원들도 고통을 감내하며 자신의 것을 내려놓는 법을 배우기 때문이다. 이는 무조건적인 희생이 아니다. 내가 내려놓은 만큼 다른 사람이 내게 나눠주면 결국은 모두가 서로를 채울 수 있다. 이것이 우분투의 힘이다.

우리나라 경제가 송두리째 IMF 체제에 들어가면서 혹독한 위기를 맞았을 때를 생각해보자. 서민들이 그토록 애지중지하며 갖고 있던 금반지, 목걸이, 아이 돌 반지, 금팔찌 등 가장 소중한 자산이었던 금을 아낌없이, 흔쾌히 국가를 위해 내놓음으로써 국가적 어려움을 극복할 수 있었다. 일명 금 모으기 운동은 국민의 참여를 통해 국가 신용도가 급격하게 좋아진 사례임은 물론 전 세계 역사상 유례가 없는 일이라 세계인들에게 큰 감동을 주었다.

이처럼 어떠한 어려움이 닥치더라도 리더가 목표나 비전을 함께 공유하고, 희망을 잘 제시한다면 국민들은 고통을 감내하면서라도 자신을 내려놓고 나눔을 실천할 것이다. 우리는 충분히 함께 행복한 우분투 사회를 만들 수 있다.

우분투를 완성하는 소통의 리더

미국의 학자이면서 목사인 제임스 레이니^{James T. Laney} 교수는

1993년 주한 미국대사로 부임하기 전까지 조지아주 애틀란타 에모리 대학의 교수이자 총장으로 재직하고 있었다. 그는 건강을 위해서 매일 자전거를 타고 대학에 출퇴근하면서 만나는 사람들에게 늘 미소 지으면서 인사했다.

어느 날, 늘 그렇듯이 웃는 얼굴로 출근을 하던 레이니 교수는 혼자 쓸쓸하게 앉아있는 한 노인을 보았다. 레이니 교수는 노인에게 다가가 다정하게 인사하고 대화를 건넸다. 그 후에도 레이니는 시간이 날 때마다 노인을 찾아가 자전거를 받쳐놓고 잔디를 깎아주거나 커피를 함께 마시면서 2년여 동안 교제를 나누었다.

그러던 어느 날인가부터 노인이 길가에 보이지 않았다. 혹시 무슨 일이 생겼는지, 아픈 것은 아닌지 걱정되고 궁금해진 레이니 교수는 그분의 집을 찾아가게 되었다. 다행히 그 노인은 집에 있었다. 레이니 교수는 노인에게 명함을 주면서 혹시 무슨 일이 생기거나 자신이 도울 일이 있으면 언제든지 연락을 달라고 다정하게 청했다. 그러자 노인은 줄 것이 있다면서 레이니 교수에게 봉투 하나를 건넸다.

봉투를 열어본 레이니 교수는 놀라지 않을 수 없었다. 거기에는 10억500만 달러(한화 약 1조200억 원)의 수표와 함께 "2년간 말벗이 되어준 나의 친구 레이니에게" 유산으로 그 돈을 남긴다는 편지가 들어있었다.

레이니 교수는 이런 돈을 받을 이유도 없고, 받을 자격도 없다며 극구 사양했다. 그러나 노인은 물러서지 않았다.

"돈을 주려고 하는 것이 아니오. 돈을 가치 있게 쓸 수 있는 사람을 찾고 있었는데, 이 돈을 가장 가치 있게 쓸 수 있는 사람을 만난 것이 기쁠 뿐이오."

그는 바로 코카콜라 회장 로버트 우드러프Robert Woodruff였다.

레이니 교수는 세 가지 점에 대하여 놀랐다고 한다. 세계적인 부자가 그렇게 검소하게 살았다는 것, 코카콜라 회장이었음에도 신분을 밝히지 않았다는 것, 그리고 아무런 연고도 없는 지나가는 사람에게 이렇게 큰돈을 유산으로 주었다는 사실 때문이었다.

레이니 교수는 받은 유산을 에모리 대학 발전기금으로 내놓았다. 그가 노인에게 베푼 따뜻한 마음 덕택에 엄청난 부가 굴러 들어왔지만, 그는 그 부에 도취되어 정신을 잃지 않았다. 오히려 이를 흔쾌히 학생과 학교를 위해 내놓음으로써 모두의 행복을 생각하는 우분투 리더십을 흔들림 없이 발휘한 것이다.

이 금액은 미국 대학 역대 최고 기부금이었으며, 그때부터 에모리 대학은 급성장하여 남부지역의 명문이 되었다. 이 인연으로 후일 코카콜라의 추가 기부금까지 들어와 발전기금은 25억 달러(약 2조7천억 원) 규모로 늘어났다. 레이니 교수는 1977년부터 1993년까지 16년간 에모리 대학의 총장으로 재직했으며, 에모리 대학 대학원은 총장의 이름을 따서 레이니 대학원James T. Laney Graduate School으로 명명되었다.

레이니 교수는 어떤 성과나 눈에 띄는 결과를 바라고 노인에게 말을 건 것이 아니었다. 노인이 쓸쓸해 보인다고 해서 그의 삶을 바꾸려고 한 것도 아니다. 그는 그저 관심을 가지고 소통하려고 했고, 자신이 가진 시간과 따스한 마음을 노인과 나누었을 뿐이다. 그 마음이 레이니 교수와 우느러프 회상, 그리고 지역사회 전체의 행복으로 돌아온 것이다.

여담이지만 제임스 레이니 교수는 사실 한국과도 아주 각별한 인연을 갖고 있다. 1947년부터 1950년까지 미군 정보장교로 서울에서 근무했으며, 1950년대 말에는 감리교 목사로서 연세대 교수를 역임했고, 그 사이에 그의 세 자녀 중 두 아들이 서울에서 태어났다. 에모리 대학 총장 임기를 마친 1993년 주한 미국대사로 한국에 부임하여 1997까지 4년간 직무를 수행했다. 그는 한국을 가장 사랑하고 이해하는 주미대사로 기억되고 있는 사람이다. 그의 소통의 마음이 한국에서도 위력을 발휘했음은 말할 것도 없다.

내가 대전광역시청에 재직하던 중의 일이다. 시의 주요 정책 현안 가운데 하나였던 시각장애인 복지관 건립 사업을 놓고 지역주민과 갈등이 불거졌다. 한 지역에 시립 시각장애인 복지관 건립 부지가 결정되자, 부지 인근 아파트 주민들이 집단으로 반발하며 민원을 제기한 것이다. 전형적인 님비NIMBY 현상이었다. 아파트 주민들은 안전 등 여러 가지 이유를 들며 반대했지만 가장 중요한 반대 사유는 역시 장애인 복지관이 아파트 주변에 들어서면 아파트 값이 떨어진다는 것이었다. 주민들은 적극적으로 민원을 제기하며 극렬한 집단 시위를 벌였다.

　재산 가치를 중요하게 생각하는 주민들 입장을 이해는 할 수 있지만, 그동안 사회적 약자인 시각장애인을 위한 복지시설이 전혀 없었던 대전광역시로서는 복지관을 꼭 건립해야만 했다. 그러나 선출직인 시장과 그 지역구 시의원이 주민들 앞에서 복지관 건립을 재검토하겠다는 의사를 표명하면서 문제는 더 심각해졌다. 마땅한 대안이 없는 상황에서 시는 복지관 건립 절차를 계속 진행할 수밖에 없었고, 시장과 시의원들의 약속이 지켜지지 않자 갈등의 골은 점점 더 깊어졌다. 집단시위는 더욱 과격해져 아파트 주민들이 시청과 시의회를 점거하고 항의시위를 하는 사태에까지 이르렀다. 복지관을 건립하느냐 마느냐를 넘어 불신의 벽이 더 큰 문제로 다가왔다. 그동안 대화를 해온 아파트 주민 대표들과 장애인 대표, 대전시청 공무원들은 서로 믿을 수 없다며 책임을 돌렸고, 대화는 거의 이루어지지 않았다. 사태는 걷잡을 수 없을 만큼 악화되었고 어떻게 해결해 나가야 할 것인지 앞이 보이지 않았다.

　유일한 해결 방법은 소통하는 것뿐이었다. 이익을 가지고는 주민들을 설득할 방법이 없었다. 나는 아파트 주민 대표들과 장애인 대표들이 모두 참석한 자리에서 이야기 하나를 들려주었다.

　청주의 한 마을에 장애인 복지시설을 건립하게 되었습니다. 그러자 동네 주민들이 나서서 건립을 반대했습니다. 동네 집값이 떨어지니 우리 동네에는 장애인 시설이 들어올 수 없다며 동네 주민들이 한목소리로 반대하며 투쟁하더군요.

주민들의 반대 속에서도 우여곡절 끝에 장애인 복지시설이 들어섰습니다. 그런데 복지시설이 건립된 곳이 하필 동네 차량진입로 바로 옆이었어요. 시설을 이용하는 장애인들의 움직임이 비장애인들보다 민첩하지 못하다보니 차량에 의한 교통사고가 빈번했습니다. 이를 보다 못한 시설의 한 봉사자가 공영방송에 투고를 하여 그 복지관은 전국 방송을 탔습니다.

복지관 측은 경제적인 어려움으로 시설 이용 장애인들의 교통사고를 방지하지 못하는 사연을 호소했고, 방송사에서는 복지관 앞에 사고를 막아줄 펜스 설치를 지원해주실 분을 찾는다는 내용을 전국에 전했습니다. 다행히도 방송이 나간 이틀 후에 경기도의 한 펜스 제조회사에서 시설 이용 장애인들의 교통사고 방지를 위한 펜스를 설치해 주었습니다.

그런데 펜스가 설치된 며칠 후에 한 중년 부부가 그 장애인 복지시설을 방문했습니다. 부부는 장애인 분들의 손을 꼭 부여잡고 눈물을 흘리더니 품에서 흰 봉투를 꺼내서 봉사자의 손에 꼭 쥐어주고는 아무 말씀 없이 나가더랍니다. 중년의 부부가 떠난 뒤에 그 흰 봉투를 열어보니 돈과 함께 편지가 들어있었습니다.

"나는 이 장애인 복지 시설을 건립하려고 할 때, 집값이 떨어진다며 앞장서서 반대를 했던 죄인입니다. 며칠 전 방송을 보고 예전의 죗값을 치르기 위해 여러분들이 바라는 안전 펜스를 만들어 드리려고 돈을 가져왔습니다. 이곳에 와서 보니 이미 어느 천사 분이 안전 펜스를 설치해주셨으니 이 돈은 이 시설을 이용하는 장애인 분들을 위해 써주시기 바랍니다.”

모인 사람들은 조용히 이야기에 귀를 기울이고 있었다. 이야기를 하던 나도 편지 내용을 읽던 중 주체를 하지 못하고 저도 모르게 눈물을 보였다. 복지관 건립을 반대하기 위해 모였던 아파트 주민 중에도 이 이야기를 듣다가 훌쩍거리며 우신 분이 상당수 있었다.

이 이야기는 옳고 그름을 가려주지도, 무슨 이익을 약속해주지도 않았다. 그러나 사람들 사이에 있는 함께 행복하고자 하는 마음을 건드렸다. 아파트 주민들은 자기 이익만 아는 몰인정한 사람들이 아니며, 장애인들과 대전시는 아파트 주민에게 피해를 끼치고자 하는 것이 아니었다. 사람들은 같은 이야기에 함께 감동하며 그것을 함께 느끼고 있었다.

이 일이 있은 후로 주민 대표와 대전시, 장애인 대표들은 다시 대화를 하기 시작했다. 주민들은 복지관 건립에 대해 보다 열린 자세를 보였으며, 아파트 주민들의 우려를 불식시킬 새로운 제안과 협의가 이루어졌다. 최종적으로는 지역주민들의 의견을 경청하여 시각장애인들만 이용하는 복지관이 아니라 아파트 입주민들은 물론 지역주민들 모두가 함께 이용할 수 있는 시설을 건립하기로 결정했다. 현재 건립된 대전시각장애인복지관은 지역주민 모두가 함께 이용할 수 있는 공용 복지관으로 시설활용률이 전국에서 가장 높다. 시각장애인과 지역주민 모두 이용만족도가 최고라고 한다.

우분투는 아프리카 사람들의 마음뿐 아니라 우리의 마음에도 있다. 사람들이 경쟁, 성공, 이익만을 좇는 것 같아도, 그 깊은 마음 속에는 더불어 행복하고자 하는 소망이 있다. 마음과 마음을 잇고 신뢰를 회복시켜 우리들 안의 우분투를 끌어내는 것이 우분투 리더의 중요한 역할이다.

소통은 서로를 이해하게 만들고, 역지사지의 자세로 상대방의 입장을 헤아리다 보면 배려의 싹이 탄생한다. 그리고 이웃을 위한 우리의 작은 배려가 함께 행복 우분투 사회의 밑거름이 된다.

얼마 전, 강남의 학부모들이 자녀가 다니는 학교에 보금자리주택에 사는 빈곤층 학생들이 배정됐다며 이들을 다른 학교로 전학시키라고 요구한 적이 있다고 한다. 이런 가슴 아픈 이기주의를 만드는 것 역시 소통의 부재다. 한 부지에 놀이터와 경로당 중 무엇을 건립할지를 놓고 싸움을 일으키는 공통체가 있는가 하면, 경로당과 놀이터를 공용 공간으로 활용하면서 자녀들이 어르신들에게 인성을 배우게 하여 성공적인 마을공동체를 이루는 우분투 마을도 있다.

최근 충남에서는 이웃에 위치한 보령시와 서산시의 시장이 서로 자리를 바꿔 근무하며 각각의 장단점을 익혀 상생 발전의 길을 열었다고 한다. 개발과 기업 유치, 중앙정부의 지원이 어느 자치단체에 가느냐를 놓고 재정이 취약한 기초 자치단체 간에 경쟁과 대립이 심화되는 상황에서, 두 자치단체가 보여준 이 모습은 시사하는 바가 많다. 두 자치단체는 각자가 중심으로 추진하는 정책들을 탁 터놓고 공유하고 역지사지해봄으로써 향후 정책 추진에서 협조를 하고 이웃 사이에 시너지를 얻을 수 있게 되었다. 나아가 서로의 단점을 보완하고 장점을 융·복합하며 협업과 창의적 행정을 펼쳐가리라 확신한다. 이러한 생각의 전환과 적극적인 소통이 바로 우분투 리더십의 핵심이다.

우리가 만들어갈
우분투 세상

어려움을 분담하는 상생 사회

서울의 한 시장 인근에서 있었던 일이다. 7살짜리 손자와 할머니가 손수레를 끌고 가다가 길가에 세워져 있던 외제 승용차의 옆면을 손수레로 긁었다. 차량은 독일산 아우디로, 단순 긁힘이라고 해도 어마어마한 수리비가 나올 것은 명백했다. 할머니는 멈춰서서 어쩔 줄 몰라 하고 있었고, 할머니가 놀라고 걱정스러워하는 것을 본 손자도 그만 울음을 터뜨렸다.

주변에 있던 행인들도 그 상황을 보고 멈춰 서서 걱정하기 시작했다.

"저 비싼 외제차를 어쩌나?"

“행상을 하시는 할머니 같은데 이를 어째?”

손수레 안에는 콩나물 한 봉지와 손자가 좋아할 바나나 몇 송이가 실려 있었다. 사람들은 딱한 마음을 금치 못했다. 힘들어하는 할머니를 도우려던 어린아이가 실수로 저지른 일이고, 운전자도 없으니 모르는 척 지나칠 수도 있을 법한 일이었다. 하지만 할머니는 손자에게 손수레를 멈추게 하고 차 주인에게 연락할 길을 몰라 안절부절하고 있었다.

할머니가 핸드폰이 없어서 차주에게 연락을 하지 못하는 것을 눈치 챈 한 학생이 차 앞에 적혀있는 차주의 전화번호로 대신 전화를 걸었다. 자초지종을 설명하고 할머니가 뵙기를 원하신다고 전하자, 10여 분쯤 후에 40대로 보이는 차주와 부인이 서둘러 나타났다.

그들은 오자마자 상황을 조심스레 살펴보더니 대뜸 할머니에게 고개를 숙이며 사과를 했다.

“죄송합니다. 급한 마음에 차를 주차장에 두지 못하고 이렇게 도로에 주차를 해서 통행에 방해가 되게 해서 죄송합니다. 제 차 때문에 손수레가 부딪히는 사고가 났습니다.”

옆에 서 있던 차주의 부인도 울먹이는 손자를 달래 주면서, 할머니와 손자의 손을 맞잡고는 오히려 미안하다고, 긁힌 차량 수리는 자신들이 알아서 할 테니 전혀 걱정하지 마시고 빨리 가시라고 위로했다.

큰 소동이 날 줄 알고 웅성거리며 주변에 서있던 사람들은 자신들의 예상을 확 벗어나는 차주 부부의 품성과 행동에 큰 감동을 받았다. 한 목격자는 '아무리 어렵고 힘든 세상살이지만 아직도 따뜻한 사람들이 더 많은 세상'이라며 미소를 지었다.

가난하지만 양심을 지킨 할머니의 정직함, 손해를 입었음에도 불구하고 배려와 나눔의 리더십을 보여준 차주 부부의 모습은 사람들에게 큰 행복을 안겨주었다. 그리고 이 사연을 알게 된 아우디 코리아에서 차주를 수소문해 수리비 전액을 지원했다는 소식 덕택에 그 행복은 더 커졌다. 할머니는 어려운 상황에서도 책임을 다하려고 했고, 아우디 차주는 할머니의 경제적 부담을 대신 지려고 했으며 아우디 코리아가 그 부담을 자청했다. 차는 이미 긁혔고, 누군가는 손해를 보고 부담을 질 수밖에 없는 상황에서 가장 긍정적인 결과가 나온 것이다. 더불어 훈훈한 우분투의 정신을 사회에 전하는, 돈으로는 환산할 수 없는 무형의 가치까지 얻었다.

이 세상에서는 어떤 형태로든 사고나 손실이 일어날 수밖에 없다. 하지만 그 손실을 남에게 미루는 것이 아니라 모두가 분담하려는 마음이 있을 때 우리는 어떤 문제든 잘 해결할 수 있다.

이 아름다운 사례는, 어떠한 경우라도 나만큼은 손해 보지 않고, 지지 않으려는 마음이 팽배한 우리 사회에서, 내 행복을 지키기 위해 남의 행복을 서슴없이 빼앗고도 양심의 가책도 느끼지 못하는 세상에서, 단순한 접촉 사고나 주차 문제로도 자존심 싸움이나 감정싸움으로 이어져 살인까지도 발생하는 분노조절장애 사회에서 살고 있는 우리 자신을 다시금 되돌아보게 한다. 이렇게 배려하는 사회야

말로 우리가 함께 살아가야 할 가치가 있는 사회이며 함께 만들고 지켜가야 할 사회, 함께 행복한 우분투 사회이다.

베트남 하노이에는 관광명소로 유명한 철길 마을이라는 곳이 있다. 마을 중심으로 기차가 지나가고, 철길 바로 옆에 사람들이 사는 집이 다닥다닥 붙어있다. 좌우에는 안전 펜스 하나 없고 집과 철길과의 거리는 좁은 곳은 2m도 채 되지 않는다. 정해진 시간에는 어김없이 기차가 요란한 굉음을 내며 지나간다. 어떻게 저렇게 위험한 곳에서 어른은 물론 아이나 노인까지 가리지 않고 함께 살아갈 수 있을까 걱정스러울 정도다.

그러나 마을 사람들은 느긋하다. 평소에는 기찻길 가에서 쉬기도 하고, 모여 앉아 음식도 나눠먹고, 심지어 물건을 펼쳐놓고 장사도 한다. 기차가 지나갈 시간이 되면 철길에 내놓았던 물건을 일사분란하게 집안으로 들여놓고 다들 몸을 피했다가, 기차가 지나가고 나면 이내 다시 평화로운 일상으로 돌아간다.

이들이 철길 주위에 모여 웃으며 대화를 나누는 모습을 볼 때면 가난한 마을일지언정 마음까지 가난하지는 않은 사람들이라는 느낌을 받을 수 있다. 우리의 생각으로는 위험하고 불안하기 짝이 없지만 철길마을 사람들은 주어진 환경에 만족하며 살아가고 있다. 불평불만은커녕 마을 주민들은 한결같이 "기차가 더 자주 지나가야 관광객이 많아져 더 행복하게 살 수 있을 것"이라고 해맑게 웃는다.

위험하고 어려운 환경 속에서도 철길과 주민들이 조화를 이루며 함께 행복한 우분투 마을을 이룬 것이다. 가난해도 정을 나누며 서로 돕는 철길 마을 사람들의 모습은 과도한 경쟁에 지쳐 마음의 문을 닫은 채 이웃도 모르며 살아가는 우리사회를 다시 한 번 돌아보게 한다.

가진 것을 나누는 더 큰 행복의 사회

한 남자가 정년퇴직을 하고 부인과 함께 고향 마을로 내려가 문구점 겸 잡화점을 열었다. 부부는 친절하고 수완이 좋아 가게에는 손님의 발길이 끊이지 않았다. 하지만 그에 비례해 주변 가게들은 매출이 점점 떨어져 문을 닫아야 할 지경에 이르렀다.

그 모습을 보던 아내가 어느 날 저녁을 먹으면서 남편에게 이야기했다.

"우리 가게 장사가 잘 되다보니 본의 아니게 이웃 가게들이 장사가 안 되어 문을 닫을 상황에 이르렀다고 하네요. 이건 당신과 내가 바라던 일이 아니잖아요. 맘이 너무 아파요. 어찌 되었든 우리 때문에 상처 받는 이웃이 생겼다는 것이……."

부부는 허심탄회하게 대화하면서 뜻을 모은 후, 가게 규모를 축소하고 상품의 종류를 줄였다. 팔지 않는 물건을 찾는 손님이 오면 근처의 다른 가게로 안내했다. 곧 이웃의 가게들도 점차 생기를 띠기 시작했다. 인접한 가게 주인들의 사이도 돈독해졌고, 이 일을 계기로 다른 업종의 가게들도 서로 협조하게 되었다. 고향 마을은 활기와 행복을 나누는 작은 우분투 사회가 되었다.

요즈음 경기가 나쁘다보니 서민들이 생계를 위해 운영하는 동네 가게들이 하나둘 문을 닫고 있다. 그런데 그 자리에 대기업의 체인점이나 대형마트들이 작은 골목까지 구석구석 들어서며 골목상권을 위협하고 있다. 다른 사람이야 어찌됐든 이윤만 창출하면 그만이라는 반우분투적 행위가 아닐 수 없다. 우리 경제를 선도하는 대기업이 이런 행태를 보이면, 사회 전체를 반우분투 정서가 지배하게 된다.

손익을 따지는 세상이다 보니 사람들은 나눔을 하는 것이 내 이익을 덜어내는 것이라고 생각한다. 하지만 그것은 틀에 박힌 생각이다. 내가 가지고 있는 자산으로 남에게 행복을 줄 수 있는 일을 하면 그것이 우분투적 나눔이다.

우리나라의 한 대학생이 몽골 유목마을과 나눴던 행복이 그 좋은 예이다. 중학교 3학년 때 몽골을 여행했던 이다운 양은 이동생활을 하는 몽골 유목민들이 전력을 제대로 공급받기 어려워 불편을 겪는 것을 보고, 마을에 재생에너지 발전기와 전구를 선물하겠다고 다짐했다. 그녀가 이러한 결심을 주변에 알리자 사람들은 대견해하면서도 현실성이 없다면서 진지하게 듣지 않았다. 하지만 이 양은 자신의 약속을 지키기 위해 재생에너지에 대해 관심을 갖고 노력했고, 중앙대 에너지시스템공학부에 입학했다. 몽골 방문으로부터 5년 후 그녀는 태양열 발전기와 전구를 마련하여 두 곳의 유목마을에 선물하며 약속을 지켰다. 그녀의 나눔은 국경을 초월하여 몽골 유목민들에게 전기와 빛을 선물했을 뿐 아니라, 멋진 성취동기가 되어 자신을 성장시켜주었다. 나눈 쪽도 나눔받은 쪽도 이익을 보았다. 이것이 모두가 함께 행복한 우분투 방식의 나눔 실천이다.

자연이 보여주는 우분투 정신

남극은 한겨울에 영하 50도 이하까지 기온이 떨어진다. 추위에 잘 견디는 남극의 펭귄들도 이 강추위는 견디어내기가 힘들다. 그래서 모든 펭귄은 리더 펭귄을 중심으로 서로 밀착하여 빙 둘러서서 함께 온기를 최대한 유지하며 남극의 한겨울을 이겨낸다. 바깥쪽에 선 펭귄은 칼바람을 맞으며 안쪽 펭귄들을 추위로부터 보호하고, 안쪽에 자리 잡고 체온을 보존한 펭귄들은 바깥쪽 펭귄들과 교대로 자리를 바꿔가며 바람을 막는다. 혹독한 추위를 함께 이겨낼 수 있게 하는 펭귄들의 우분투 리더십이다.

함께 행복 우분투 리더십을 바탕으로 움직이는 것은 펭귄들만이 아니다. 고래는 포유류이기 때문에 정기적으로 해수면 위로 올라와 숨을 쉬어야 생존할 수 있다. 그런데 병이 든 고래가 힘이 없어 수면 위로 올라가지 못할 때가 간혹 있다. 그러면 반드시 두세 마리의 고래가 힘을 합쳐 아픈 고래를 등으로 떠받치고 수면 위로 올려준다고 한다. 이들은 아픈 고래가 숨을 쉬면서 기력을 회복할 때까지 내내 동료를 받쳐준다.

집단생활을 하는 개미들 역시 그렇다. 개미들은 어쩌다 집이 무너지면 누가 집을 무너뜨렸는지? 왜 집이 무너지게 된 것인지? 원인이나 책임을 묻지 않고 모두 함께 무너진 곳으로 달려가 무너진 집부터 고치고 복구시킨다. 집단으로 살아가기 위해 필수적인 상생과 협력이 이들의 본능에 새겨져 있다.

그러나 무리를 지어 사는 생물들이 다 이 같은 모습을 보이는 것은 아니다. 오리도 무리를 지어 생활하지만, 상처를 입어 피를 흘리거나 시름시름 아픈 오리가 생기면 다른 오리들이 집단으로 아픈 오리를 괴롭힌다. 이들은 아픈 오리가 쓰러질 때까지 상처난 부위를 부리로 쪼아 결국 죽여버리기도 한다. 무리로 몰려다니는 메뚜기들 역시 상처가 나 힘이 떨어진 동료 메뚜기를 떼 지어 공격하여 잡아먹기까지 한다.

우리가 지금 몸담고 있는 공동체는 펭귄 또는 개미나 고래와 같은 집단인가? 아니면 오리와 메뚜기 무리 같은 집단인가? 펭귄과 고래는 모두 더불어 우분투적 삶을 살아가지만 오리나 메뚜기는 약자들을 괴롭혀 죽음에까지 이르게 하는 집단 따돌림의 전형을 보여주고 있다. 나 혼자만 잘 먹고 잘 살면 그만이라는 사고가 팽배한 사회, 왕따 사회는 반드시 자신의 행복을 가로막는 부메랑이 되어 돌아온다.

구체적인 목표를 설정하고,
스스로 포기만 하지 않으면
누구나 다 자신의 목표를 이룰 수 있다.

2장

목표 설정과
리더십

01 목표가 미래를 결정한다

02 꿈을 현실로 바꾸는 목표 달성 기법

UBUNT
Leadership

오래된 유머 중에 이런 이야기가 있다.

중요한 고지 점령 명령을 받은 장교가 수많은 병사를 이끌고 용감하게 진격했다. 사투 끝에 고지를 점령한 장교는 사방을 둘러보더니 이렇게 말했다.

"여기가 아닌가벼!"

그리곤 옆 산의 고지로 진격한 장교, 다시 좌우를 살펴보더니 말한다.

"아까 거긴가벼!"

웃자고 하는 이야기지만 이와 유사한 사례들이 의외로 우리 사회에서 흔하게 일어나고 있다. 선점해야 할 고지를 정확히 알지도 못하면서 무조건 점령만 하는 것이다. 목표 고지를 정확히 알고 그곳으로 병사들을 이끄는 것이 리더의 존재 이유이다.

목표는 미래를 결정하는 아주 중요한 요소이다. 목표가 있는 사람과 목표가 없는 사람은 출발선이 동일하다 할지라도 시간의 흐름에서 어쩔 수 없이 차이가 확연하게 난다. 목표는 인생에 의미를 부여하고, 살아가는 이유가 되기 때문이다. 목표 없이 일하면 성과를 얻을 수 없다. 목표를 설정함으로써 모든 일과 삶에 의미와 동기를 부여할 수 있다.

또한 목표를 어떻게 설정하느냐가 결과물도 완전히 바꾼다. 토론을 할 때 상대방도 함께 수긍할 수 있는 합리적인 대안을 찾는 것을 목표로 하면 주장이 첨예하게 엇갈리더라도 긍정적인 결과를 얻을 수 있다. 하지만 상대방을 이기겠다는 목표로 토론을 하면 아무리 논리가 뚜렷하고 언변이 뛰어나도 소모적인 논쟁밖에 하지 못한다. 결국 소탐대실小貪大失하고 토론에서 성과를 얻지 못한다.

자신의 목표를 구체적으로 설정하는 순간 내 삶의 이유와 존재 가치가 명확해진다. 나아가 자신의 가치를 향상시킬 기회를 얻게 된다. 인생을 가치 있게 살아가고자 한다면 먼저 목표를 설정하자. 그리스 철학자 아리스토텔레스는 "목표를 설정할 수 있는 것은 오직 인간뿐이다. 목표란 미래를 상상하는 힘이고 미래에의 의식적 작용이다. 그 힘이야말로 인류에 주어진 최고의 은혜이다."라고 역설한 바 있다.

목표가 없는 인생은 한마디로 무의미한 인생이다. "인생이 다 그렇지 뭐." 또는 "인생 뭐 있어?"라며 목표 없이 그냥 최선을 다해 열심히 땀만 흘리며 일하는 사람이 생각보다 많다. 그러나 아무런 목표도 없이 타성에 젖어 살고 있다면 존재 가치를 상실한 것이다. 리더십 코칭에서는 사람을 산 사람과 죽은 사람으로 구분한다. 목표가 없는 사람은 신체가 아무리 건강할지라도 죽은 사람이고 목표가 있는 사람은 설령 사지가 없다 할지라도 산 사람이다. 목표가 없는 사람은 숨을 쉬고 움직일지는 몰라도 죽은 사람과 다를 바가 없다.

특히 리더가 목표 없이 무조건 열심히 하는 것은 리더십의 측면에서는 죄악이다. 도달해야 할 목표지점과는 영 떨어진 곳으로 구성원들을 이끌 수 있기 때문이다. 항해하여 가야 할 곳도 모른 채, 좌표도 없이 출항부터 하는 배와 같은 것이다.

하루 일과에 있어서도 집을 나서는데 목적지가 없다면 어떻게 될까. 오늘 가야 할 목표가 있어야 그곳에 도착할 수 있는 것이고, 해야 할 일의 목표가 있어야 그 일을 달성할 수 있다. 항구에 정박한 배는 안전하다. 그러나 배는 바다를 항해하기 위하여 존재한다. 구체적인 목적지가 없다면 많은 시간을 무의미하게 소비해야 한다. 우리의 삶도 목표가 분명하게 설정되어 있어야 그 목표를 달성하기 위해 최선을 다할 수 있다.

27세에 백만장자가 된 것으로 유명한 리더십 전문가 폴 J.마이어는, 자신의 성공의 75%는 목표 설정에서 비롯되었다고 말했다. 또 달성 시한을 정해놓고 매진하는 사람에게는 오히려 목표가 다가온다고 했다. 목표가 있으니 행동하게 되고 행동하면 이루어진다. 이것이 목표 설정의 기적이다. 목표는 가슴속의 열정과 자신감을 불러일으키고 행동할 수 있는 확실한 결정을 내리도록 계기를 만든다. 뇌는 생각하는 대로 에너지를 만든다. 마음이 가는 곳으로 실천도 따라 간다. 목표 없이 성공한 리더를 어디에서도 본 적 없다. 목표가 없었는데 이룰 수 있었다고 말하는 리더 또한 없다.

목표를 조준하지 않고 쏜 화살은 100% 빗나가게 마련이다. 영국의 역사학자이자 평론가인 토머스 칼라일Thomas Carlyle은 목표와 관련하여 "명확한 목표가 있는 사람은 가장 험난한 길에서조차도 앞으로 나아가고, 아무런 목표가 없는 사람은 가장 순탄한 길에서조차도 앞으로 나아가지 못한다."고 했다. 모든 것을 실현하고 달성하는 첫 열쇠는 바로 목표 설정이다. 위대한 지도자들의 공통점은 한결같이 확고한 목표를 설정하고 철저하게 실천했다는 것이다. 목표가 없으면 리더가 될 수 없다.

목표가 미래를
결정한다

나를 움직이는 힘, 목표와 비전

빌리 와일더Billy Wilder는 미국의 영화사에 뚜렷한 족적을 남긴 영화감독이다. 영화배우 마릴린 먼로가 지하철 환풍구에 서서 치마를 부여잡는 모습으로 널리 알려진 〈7년만의 외출〉과 오드리 햅번의 청순미가 돋보였던 〈사브리나〉가 그의 작품이다. 그는 오스트리아의 유대인 가정에서 태어났는데, 2차대전 중에 사랑하는 가족들이 유대인이라는 이유로 아우슈비츠 수용소에 끌려가 죽임을 당했다. 하지만 빌리 와일더는 그 가족적 비극을 분노가 아니라 꿈으로 승화시켰다. 그는 "아침에 당신을 벌떡 깨울 수 있는 꿈을 가져야 한다."고 말했다. 또한 "꿈을 잃어버리는 것은 불운이지만 꿈을 잊어버리는 것은 불행이다. 꿈이 없는 사람은 죽은 사람과 다름없다. 살아있는 동안 항상 가슴을 뜨겁게 만드는 꿈을 간직해야 한다."고도 말했다. 꿈과 목표의 중요성을 가장 명쾌하게 제시하는 말 중 하나다.

미국의 작가 찰리 헤지스Charlie Hedges도 "꿈이란 당신이 잠에서 깨어나면 잊어버리는 그 무엇이 아니라 당신을 잠에서 깨우는 그 무엇이다." "아침이면 나를 잠에서 깨어나게 만드는 꿈이 있는가? 이 질문에 즉각 대답할 수 없다면 당신의 하루는 잠들어 있는 하루다."라고 설파했다.

내 가슴을 뛰게 하는 일을 할 수 있을 때, 삶의 의미와 행복이 함께 따라온다. 가슴 뛰는 삶을 살면서 한 해 한 해를 내 생애 최고의 해로 만들어가고 싶지 않은가. 그렇다면 내 인생에서 원하는 것이 무엇인지 확실히 알아야 한다. 확실한 목표가 있어야 가슴 뛰는 삶을 살아갈 수 있다. 목표가 확실할수록 꿈을 이뤄낼 가능성이 그만큼 커지기 때문이다. 나는 오늘도 가슴 뛰는 삶을 살고 있는가? 나태하고 무기력하게, 어떻게 되겠지 하는 마음으로 살고 있는 것은 아닌가? 늘 자신을 향해 되물어보아야 한다.

세계적인 발레리나이자 국립 발레단 단장 강수진은 꿈과 목표를 이루기 위한 부단한 노력으로 유명하다. 그녀는 《나는 내일을 기다리지 않는다》에서 "나는 무대 위에서 한 번도 가슴이 뛰지 않은 적이 없었다. 내 가슴이 뛰지 않으면 나를 보는 관객의 가슴을 뛰게 만들 수 없기에." "가슴 뛰는 삶을 살아라. 온 세상이 너를 보며 두근거리도록"이라고 전한다.

　누구나 꿈을 꾸지만, 그 꿈을 현실로 변화시키는 사람은 소수이다. 뚜렷한 목표 없이 삶을 살아가는 사람이 의외로 많다. 나의 꿈은 무엇일까. 삶이라는 바다에서 나는 어느 항로로 항해하고 있는 것일까. 목표를 정해놓고 항해를 해야 항구에 도착할 수 있다. 목표지점이 뚜렷하다면, 그리고 목표지점의 정확한 좌표를 알고 있다면 태풍이나 해일을 만나더라도, 다소 뱃길이 변경될지라도 계속 방향을 바로잡아가면서 결국 가려던 항구에 도착할 수 있다. 반대로 어디로 가려 하는지도 모르는 채 배를 띄웠다가는 아무리 크고 훌륭한 배가 있다고 한들 망망대해에서 표류하게 될 뿐이다.

　목표나 꿈, 희망은 내가 버리면 그 순간 모두 없어지는 것이지만 포기하지 않으면 그 방향으로 조금씩 다가갈 수 있다. 그렇게 일관성을 갖고 있으면 나의 목표와 꿈은 희망이 되어 나와 함께한다. 구체적인 목표를 설정하고 있으면 다소 실천력이 떨어질지라도, 비록 남들보다 더딜지라도 그 방향으로 나아간다.

　지하철역 지하도 계단에서 구걸을 하는 거지가 한 사람 있었다. 그는 비록 구걸하며 빌어먹고 살지만 부지런했다. 그에게는 구걸로나마 돈을 모아 장사를 시작하겠다는 목표가 있었다. 그래서 그는 구걸하러 나올 때마다 그날 하루의 구걸 목표를 정해서 나왔다. 사람들이 불쾌하지 않도록 얼굴과 머리의 청결을 유지했으며, 구걸할 타겟을 정하고 계절별·기념일·축제일·공휴일 등에 따라 사람들의 동선이 어떻게 바뀌는지, 사람들의 심리가 어떻게 흘러가는지 이해하고자 했다. 시간대에 따라 구걸하기에 좋은 장소도 세심하게 파악하고 있었다.

그는 3년 동안 미리 계획한 것만 실술하고 구걸한 돈은 지축했다. 그리고 목표한 만큼 돈이 모이자 리어카를 사서 과일 행상을 시작했고, 지금은 자립하여 중소도시 재래시장에서 야채장사를 하고 있다. 목표가 있었기 때문에 결국 자신의 꿈을 이룬 것이다.

행복과 성공을 원한다면 이처럼 항상 자신의 꿈과 비전을 점검하면서 구체적인 목표설계와 비전을 세우고 실천해야 한다. 그리고 사랑하는 가족이나 동료와 함께 그 목표를 공유해야 한다. 주변에 나의 목표를 알리고 선포해야 목표 달성이 수월하다. 혼자 꾸는 꿈은 하나의 꿈으로 그칠 수 있지만 함께 꾸는 꿈은 반드시 실현된다.

인간의 존재 이유가 행복의 추구라면 인간의 삶의 목표는 행복 실현일 것이다. 행복한 삶을 살기 위해 사람들은 다양한 목표를 추구한다. 어떤 이는 링컨처럼 위대한 지도자를 꿈꾸고, 어떤 이는 반기문처럼 유엔 사무총장을, 어떤 이는 빌 게이츠나 스티브 잡스를 꿈꾼다. 꿈은 누구나 꿀 수 있고 그 어떤 것이라도 가능하다. 그리고 꿈은 좋은 것이다. 꿈이 있어야 가능성도 열린다. 하지만 꿈을 간직하고만 있으면, 그 꿈은 그저 잠자면서 꾸는 몽상일 뿐이다. 꿈을 구체적인 계획으로 조직하고 실천해야 비로소 그 꿈은 목표가 되고 비전이 된다.

비전과 목표를 이루기 위해서는 그 과정에서 내가 구체적으로 무엇을 할지에 대한 행동 플랜이 있어야 한다. 실천이 따라야 함은 물론이다. 꿈만 꾸는 사람의 특성은 꿈에 대한 생각만 하지 액션을 보여주지 않는다는 것이다. 그러면서 왜 그 꿈을 이루지 못했는지에 대한 핑계거리를 찾는다.

반면 비전과 목표가 있는 사람은 그 비전을 실현하고 목표를 달성하기 위하여 행동한다. 이들은 계획을 세우고 다듬어서 행동으로 옮기고, 과감히 결정하고, 닥치는 시련을 이겨내며 적극적으로 실천한다. 시도하고, 실천하고, 최선을 다하고, 실패를 두려워하지 않고, 포기하지 않고, 반복하여 시도함으로써 마침내 비전을 실현시킨다. 지금 잠을 자면 꿈을 꿀 수 있지만 행동을 하면 꿈을 이룰 수 있다.

인도에 나딤이라는 아홉 살 소년이 있었다. 집안이 너무 가난하여 가족 대부분이 길거리에서 구걸을 하며 매일 끼니를 걱정하고 살았다. 나딤은 배고픈 것보다 친구들처럼 학교에 다니지 못하는 것이 더 가슴 아팠다. 배우고 싶은데 배울 수 없는 가정환경이 한스러웠다. 그러나 나딤에게는 꿈이 있었다. 언젠가 학교 선생님이 되어 자신처럼 배우고 싶은 아이들을 가르치는 것이었다. 나딤은 밥을 굶으면서도 그 꿈을 한순간도 버리지 않았다.

거리를 떠돌던 어느 날, 나딤은 길거리에서 콧수염 이발사들을 보았다. 인도 사람들은 대부분 콧수염을 기르는데 그 콧수염을 깎아주고 멋있게 다듬어 주는 사람들이 콧수염 이발사이다. 면도기와 세숫대야, 수건, 비누, 그리고 손님이 앉을 나무의자만 있으면 길거리에서도 할 수 있는 일이었다. 어떻게 해서든 학교를 다녀서 선생님이 되겠다는 의지를 항상 간직했던 나딤은 콧수염 이발사가 되면 학교에 갈 돈을 벌 수 있겠다고 생각했다.

바로 그날부터 나딤은 콧수염 이발사늘이 하는 일을 어깨 너머로 살펴보면서 일을 배웠다. 할아버지, 아버지, 삼촌은 물론 수염도 없는 형과 동생들의 얼굴을 면도하며 콧수염 이발 연습을 했다.

일주일 정도 연습을 한 나딤은 직접 만든 손님용 나무의자와 집에 있던 세숫대야와 물통, 거울, 비누 그리고 수건과 면도기를 들고 길거리 이발사로 나섰다. 당시 1명의 콧수염을 깎고 다듬어서 받는 돈은 현재 한국 돈으로 200원 정도밖에 되지 않았다. 그래도 그는 돈을 벌 수 있어 행복했다. 열심히 노력하여 꿈을 이루겠다고 생각하며 제일 먼저 나가 가장 늦게까지 일했다.

하지만 한 달 정도 콧수염 이발사 일을 한 후, 나딤은 지금 버는 돈으로는 끼니는 해결할 수 있어도 공부까지 하기에는 부족하다는 것을 깨달았다. 돈을 더 벌 수 있는 방법을 고민하던 나딤은 어머니가 두통을 호소할 때 머리를 마사지해드렸던 기억을 떠올렸다. 어머니는 항상 시원하다며 기뻐하셨다.

다음날부터 나딤은 손님들의 콧수염을 다듬어준 후 머리 마사지를 서비스했다. 길에는 나딤 이외에도 7~8명 정도의 콧수염이발사들이 줄지어 일하고 있었는데, 나딤이 콧수염 이발 후 머리를 시원하게 마사지해준다는 소문이 돌자 소년에게로 손님들이 몰리기 시작했다. 그 누구도 생각하지 못했던 머리 마사지가 소년의 트레이드 마크이자 차별화된 마케팅으로 자리 잡은 것이다. 나딤은 다른 콧수염 이발사들보다 서너 배 더 많은 손님을 맞게 되었고 그 만큼 돈을 더 벌 수 있었다.

다른 콧수염 이발사들은 대부분 먹고 살기 위해 일을 했고, 나딤은 학교 선생님이 되고자 하는 목표를 이루기 위해 일을 했다. 그래서 선생님이 되기 위해 학교에 간다는 계획을 세웠고, 계획을 현실화하기 위한 방법을 끊임없이 고민했다. 더 나은 방법이 생각나면 바로 행동으로 옮겼다. 그것이 나딤이 다른 콧수염 이발사들과 다른 점이었던 것이다.

6개월 후, 10살이 된 나딤은 마침내 학교에 입학했다. 콧수염 이발사 일을 병행하면서 열심히 공부했고, 고등학교까지 마칠 수 있었다. 자신이 원하던 대학에 입학한 후에는 장학금과 과외 아르바이트로 대학을 마치고 학교 선생님이라는 꿈을 당당하게 이루었다.

끼니를 걱정해야 할 가난 속에서도, 나딤은 뚜렷한 목표를 갖고 꾸준히 계획하고 바로바로 실천함으로써 꿈을 이룰 수 있었다. 자신의 목표를 구체적으로 설정한 사람은 이미 반은 성공한 사람이다.

간절하게 바라고 끊임없이 실천하라

꿈을 현실로 바꾸는 데 가장 중요한 것은 포기하지 않고 꾸준히 노력하는 것이다. 오랜 가뭄이 이어지면, 세계 어느 나라에서나 비가 내리게 해 달라는 기우제를 치른다. 이 행사를 어떤 곳은 마을의 가장 어른이 주관하고, 어떤 곳은 종교집단의 장이 주관하고, 어떤 곳은 나라의 군주가 주관한다. 그들은 간절하게 정성을 들이지만 무조건 특별한 은혜를 받지는 않는다. 기우제를 지냈는데도 비가 내리지 않아, 가뭄으로 흉흉한 민심 탓에 자리를 보전하지 못하고 쫓겨나는 이도 흔히 있었다. 그러나 유일하게 인디언들의 기우제만은 실패하는 일이 없다. 그들은 한번 기우제를 시작하면 비가 내릴 때까지 포기하지 않고 계속하기 때문이다.

물감을 아끼면 좋은 그림을 그릴 수 없듯이 꿈이나 도전을 아끼면 성공적인 인생을 펼칠 수 없다. 구체적인 꿈, 목표가 있는 사람은 포기를 하지 않으면 무엇이든 이룰 수 있다. 그래서 영국의 전 수상인 윈스턴 처칠로부터 미국에서 손꼽히는 방송인 오프라 윈프리에 이르기까지, 세계 각 분야의 위대한 리더들은 포기하지 말라는 말을 강조한다. 구체적인 목표를 갖고 포기하지 않으면 누구나 꿈을 이룰 수 있다. 그래서 성공한 리더들에게 포기는 그저 배추를 세는 단위이고 실패는 실을 감는 도구일 뿐이다.

어려움이 닥쳐도 포기하지 않을 수 있는 힘, 꾸준히 노력을 이어갈 수 있는 원동력을 제공하는 것이 바로 목표에 대한 간절함이다. 자신이 원하는 바가 무엇인지 모르거나 그것을 간절하게 원하지 않으면 성공은 요원하다고 미국의 칼럼니스트인 프랭크 크레인Frank

Crane은 말했다. 구체적으로 설정된 목표에 간절함이 있으면 목표를 달성할 가능성이 매우 높다. 간절함은 곧 신념이 되고 신념은 확신이 되며 확신은 나를 움직이게 하는 원동력이 된다. 강수진 국립발레단 단장은 "꿈을 놓치지 마라. 꿈이 없는 새는 아무리 튼튼한 날개가 있어도 날지 못하지만, 꿈이 있는 새는 깃털 하나만 갖고도 하늘을 날 수 있다."고 하면서 "나는 놓치고 싶지 않은 꿈을 간직하고 있기에, 나를 미치게 만드는 꿈을 가지고 있기에 깃털만으로도 무대 위에서 날아다닐 수 있었다."고 말했다.

2015년 8월. 프로야구 한화 이글스의 정현석 선수가 위암 진단을 받고 투병을 시작한 지 1년여 만에 선수로 복귀했다. 많은 팬들과 야구 해설자들은 암을 이겨내고 다시 그라운드에 돌아온 선수에게 의지의 한국인이라며 찬사를 보냈지만 한편으로는 경기를 1년 가까이 뛰지 않은 그가 잘 적응할 수 있을지 우려했다.

그러나 그는 보란 듯이 연속 안타를 치며 사람들의 우려를 불식시켰다. 경기 후 인터뷰를 가진 그는 기자의 질문에 "경기력 회복을 위해 코치님과 함께 준비도 열심히 했지만 저에게 야구가 얼마나 간절했는지 모릅니다. 저에게 그토록 절실했던 공 하나하나, 타석 하나하나에 집중하여 경기에 임했고 저의 그 간절함이 좋은 경기를 보여주고 있다고 생각합니다."라고 밝혔다.

간절함에는 목표에 이르게 하는 살아있는 파장이 있다. 간절함은 목표로 가는 길을 내고, 굳게 닫혀있던 문의 빗장을 여는 힘이 있다.

그 파장은 잠재의식에 강하게 영향을 미친다. 따라서 높은 목표를 달성하려면 주위의 시선이나 방해하는 말에 흔들리지 말아야 한다. 하고 싶다면, 하고자 한다면 무슨 일이 있어도 목표를 이루고야 말겠다고 굳게 다짐하면서 자신감을 갖고 마치 이미 꿈을 이룬 것처럼 생각하고 행동해야 한다. 설정된 목표에 대한 그 간절함과 절박함이 목표에 더욱 다가가게 한다.

머리에서 가슴까지, 실천의 거리

영국의 극작가 조지 버나드 쇼George Bernard Shaw는 95세의 나이에 임종을 앞두고 유언으로 본인의 묘비에 새겨질 내용을 직접 남겼다. 그 내용은 이렇다.

"우물쭈물하다가 내 이렇게 끝날 줄 알았지!"

그는 노벨문학상을 탄 세계적인 작가였으며, 다양한 분야에서 명성을 얻었던 성공한 사람이었다. 그럼에도 불구하고 그는 자기가 해야 할 일을 다 하지 못하고 우물쭈물하다가 죽음에 임박하게 된 것을 후회하고 반성했던 모양이다. 그는 묘비명을 통해 남아 있는 사람들에게 무엇을 말하고자 했을까? 아마도 무엇이든 우물쭈물하지 말고 바로 실천하라고, 해야 할 일을 정했으면 즉시 목표를 향하여 걸어가라고 말하고자 했을 것이다. 아무리 멋진 목표를 세웠다 하더라도 즉각 행동하지 못하고, 실천하지 않으면 결국 이렇게 끝날 줄 알았다고 자탄할 수밖에 없음을 그의 묘비명은 경고한다.

그러나 목표를 실천하는 것이 쉬운 일은 아니다. 살아가면서 무언가를 새롭게 시작할 때에는 가슴이 설레면서도 한편으론 두려움과 어려움이 그림자처럼 따른다. 사람은 앞에 펼쳐진 빛은 생각하거나 보지 않고, 뒤에 있는 그림자를 보면서 흔히 머뭇거린다. 행복이 찾아와 앞문을 두드리는데 사람들은 뒷문을 열고 뒷마당에 있는 행운의 네잎 클로버를 찾는다. 지천으로 널려있는 행복의 세잎 클로버는 버려두고, 행운의 네잎 클로버만을 소중히 여기며 여기저기 헤맨다. 바로 곁에서 찾아 누릴 수 있는 행복이 있음에도 불구하고, 나에게 왜 행운이 찾아오지 않는 것인지 자탄하면서 남의 시선만을 의식하고 오만가지 생각만 하다가 인생을 낭비한다.

이런 저런 이유로 오늘의 행복한 삶을 먼 미래로 미루어놓고, 오지 않을 행운의 날을 기다리면서 하루하루를 덧없이 살아가는 사람들이 많다. 지금 당장 실천할 수 있는 행동이 무엇인지를 생각하는 것이 아니라 이미 지난 과거의 일을 되새기며 헤아릴 수 없이 많은 핑계와 변명거리를 찾는다. 그러나 탁월한 리더는 결코 그러한 행동을 하지 않는다.

머리에서 가슴까지의 거리가 세상에서 가장 멀다는 말이 있다. 그 거리는 바로 실천의 거리이다. 내가 머리에서 생각했던 목표가 직접 가슴으로 내려와 실천하기까지 오랜 시간이 걸리고 어렵기 때문에 세상에서 가장 멀다고 하는 것이다. 어떤 사람은 평생이 걸려도 생각했던 것을 결국 실천하지 못하고 죽는다. 머리에서 가슴까지라야 길어봤자 50cm나 될까 말까 하지만, 어쩌면 지구 반대편인 칠레보다 더 멀지도 모른다. 이 머리에서 가슴까지의 거리를 줄일 수 있는 사람, 생각했던 목표를, 또는 머릿속으로 그렸던 계획을 바로 실천하고 꾸준히 이어갈 수 있는 사람이 행복과 성공을 얻는다.

어느 날 우연찮게 개미집을 발견한 적이 있었다. 들여다보니 개미들은 잠시도 가만히 있지 않고 바삐 움직이고 있었다. 그런데 그 가운데 몇 마리의 개미는 미동조차 하지 않는 것이었다. 손으로 건드려보았더니 죽은 개미였다. 수많은 개미들을 지켜보았지만, 움직이며 행동하는 개미는 모두 살아있는 개미였고 움직이지 않고 행동하지 않는 개미는 모두 죽은 개미였다. 사람의 삶에서도 마찬가지다. 목표는 있으되 움직이지 않고 행동하지 않으면 생물학적으로만 살아있을 뿐 죽은 것이나 마찬가지다. 움직이지 않으면 아무 일도 일어나지 않는다.

또한 실천은 꾸준하게 반복적으로 이루어져야 한다. 지속적으로 되풀이함으로써 매일 매일 목표를 확인하고 반복해야 한다.

풍경화를 주로 그리는 김경아 화백은 발가락으로 붓을 잡고 그림을 그린다. 2003년 대한민국 장애인 미술대전에서 특선상을 받는 등 실력을 인정받으며 미술 전문가들로부터 호평을 받았다. 그는 뇌병변 1급 장애인으로, 손발을 비롯한 온몸이 자신의 의지와는 상관없이 뒤틀린다. 말 한마디를 하려고 해도 얼굴 근육이 다 일그러진다. 그런 그는 미술 전문가들로부터 그림 실력을 인정받기 위하여, 말을 듣지 않는 몸을 추스르며 발로 그림을 반복하여 그렸다. 아마 일반인은 상상조차 하기 힘든 과정이었을 것이다.

그러나 꾸준한 실천은 확실한 보답으로 돌아온다. 우리가 처음 운전 연습을 할 때는 과정 하나하나를 의식하며 매뉴얼대로 운전한다. 그렇지만 연습을 되풀이하다보면 운전을 하는 전 과정이 자연스런 연결 동작으로 이루어진다. 더 이상 순서에 따라 머리를 쓰지 않고서도 손과 발이 무의식적으로 기어, 핸들, 엑셀, 브레이크를 조작한다. 목표를 향한 실천 역시 처음에는 의식적으로 시작하지만 지속적으로 반복하다보면 시나브로 무의식적으로 행동하게 된다.

어떠한 경우라도 목표 달성을 위해 반복적으로 꾸준히 실천하다보면 무한한 잠재능력이 계발되고 발휘된다. 결국은 이 세상 누구나 원하는 목표를 다 시나브로 달성할 수 있다. 반복하의 힘은 실로 위대하다. 이 반복 실천의 위대함을 삶에서 직접 경험하면 나의 마음도 달라진다. 꾸준한 반복 속에서 나의 잠재능력을 믿고 소극적인 마음을 자신감으로 바꾸고, 스스로를 비하하는 마음을 자존감으로 세우고, 몸에 밴 나쁜 습관을 바꾼다면 이 세상 누구나 자신이 바라는 성공과 행복을 얻을 수 있다.

마지막으로 한 가지 기억해야 할 것은, 이 모든 과정에 긍정적인 마음이 필요하다는 것이다. "나 같은 놈이 뭘 이룰 수 있겠어! 나는 무엇을 해도 되는 일이 하나도 없어."라고 습관적으로 되뇌는 사람은 결국 어느 것도 이룰 수 없다. 특히 자신을 믿지 못하는 부정적이고 비관적인 사고는 그만큼 부정적인 기운을 불러들여 목표 달성을 방해하는 걸림돌이 된다. 삶을 살면서 장애물이 나타났을 때, 부정적인 사람은 걸림돌이라 하고 긍정적인 사람은 디딤돌이라 한다는 이야기가 있다. 디딤돌을 딛고 가는 사람이 걸림돌에 걸려 넘어지는 사람보다 더 많이 성공하고 행복하다.

목표 너머의 목표

삶에 꿈과 목표가 필요하다는 것은 앞서 이야기했다. 덧붙일 것은 그 목표를 세울 때, 또 이루어가는 과정에서, 내 목표가 과연 어떤 목표인지, 나는 이 목표를 통해 어떤 삶을 살고 싶은지, 지금 그러한 삶을 살고 있는지를 고찰하는 시간을 가져보라는 것이다. 꿈과 희망은 삶을 윤택하게 하는 것이자 우리가 살아가는 이유이다. 내 삶을 아름다운 꽃으로 피우는 씨앗이다. 목표 달성의 과정 역시 그래야 한다.

내가 산행을 시작했을 때, 처음 몇 년 동안은 무조건 산정을 향해 거침없이 오르기만 했다. 산과 숲의 아름다운 풍광을 바라볼 겨를도 없을 만큼 숨이 가빴고, 꽃과 나무 등을 살필 여유도 가지지 못했다. 산행에 익숙하지 않아서, 언제까지 등정하겠다는 목표에 쫓겨 아무런 생각도 하지 못했다. 그러다 몸이 익숙해지자 언제부터인가 풍경이 눈에 들어왔다. 굽이굽이 굽은 길과 바닥에 깔린 돌덩이들, 계절

별로 나무와 풀들이 요염을 떠는 모습이 보였다. 풀과 꽃들이 하늘 하늘 말을 걸어왔다. 그리고 동료들과 대화를 하면서 산행을 즐기고 있는 자신을 보게 되었다.

기나긴 삶 속에서 꾸준히 목표를 이뤄가기 위해서는 절대 목표를 허겁지겁 달성하려 해서는 안 된다. 목표를 빨리 달성하고 싶은 마음이야 간절하겠지만 목표가 낮든 높든 단숨에 이루려 하다 보면 무리가 온다. 급하게 산을 올라 혼자 정상에 서고 나면 허전함과 외로움이 물밀듯이 밀려온다.

내 목표 달성이 시급하다는 이유로 주변을 둘러보지 않고, 사람들과 소통하지 않고 지나치다 보면 소중한 것을 잃을 수 있다. 마치 어려운 이웃들을 위한 봉사나 좋은 만남, 인연, 가족의 행복과 사랑까지도 다 미뤄놓고 오로지 목표 달성 한 길만을 위해 달려가다 보면, 그렇게 소망하던 목표는 이뤘는데 결국 가족의 행복과 사랑, 좋은 만남, 봉사 등 가장 소중한 사람들과 삶의 가치를 잃어버릴 수 있다. 결국 함께 행복 우분투 사회를 실현하지 못하게 되는 것이다.

산을 오르며 각양각색 풀꽃의 자태를 들여다보고 쓰다듬어주는 시간을 갖자. 본 적이 있는 듯 없는 듯한 야생화도 살펴보고 나무와 대화도 나누며 오르는 여유로운 산행처럼, 목표 달성을 위해 가는 길에서 만나는 사람은 물론 가치 있는 일을 살피면서 가는 것이다. 그러다 보면 그 소중한 경험과 스킬이 목표 너머의 목표까지 이루게 할 것이다.

실제로 성공한 리더 가운데 많은 이들이 자신의 목표 달성을 위해 땀 흘리며 노력하고 있을 때가 목표를 달성한 뒤보다 더 행복했다고 한다. 목표를 달성하는 것도 중요한 일이지만 나와 관계된 사람들과 가치 있는 일에 소홀하면 잃는 것과 놓치는 것이 꼭 생기게 마련이다. 그래서 목표를 좇는 동안 자신의 행동을 거울을 보듯 늘 돌이켜 보고 피드백하면서 삶의 균형을 잡을 수 있는 지혜가 필요하다.

목표를 이루기 위해 집중하다보면 목표는 달성했는데 반드시 대가가 필요한 경우가 다반사이다. 목표를 달성하면서 잃는 것들이 생기지 않도록 자신의 행동을 그때 그때 스스로 돌아보는 노력이 반드시 병행되어야 노력의 결실이 함께 행복 우분투의 삶으로 이어질 수 있다.

밤낮을 가리지 않고 노력하여 평생 염원을 이루었다 한들 그로 인해 건강을 잃었다면 행복을 누릴 수 없다. 목표를 위하여 당연히 모든 노력을 아끼지 말아야 하지만 스스로 건강을 지키는 노력도 병행해야만 행복한 목표 달성이라 할 수 있다. 내가 사라지거나 건강을 잃는다면 진정한 의미의 목표 달성은 아니다.

내 꿈을 실현한다면서 남의 삶에 피해를 주거나 상처를 줘서는 안 될 것이며 또한 나의 꿈을 실현하기 위해서 남의 꿈을 짓밟아서도 안 된다. 내 목표가 소중하면 남의 목표도 소중하다. 내 꿈을 실현하면서 남의 꿈도 함께 실현할 수 있도록 세상에 기여해야 함께 행복할 수 있다. 함께 꾸는 우분투 드림이 더욱 절실한 시대이다.

꿈을 현실로 바꾸는
목표 달성 기법

설정에서 달성까지, 목표 공식 7단계

미국의 광고전문가이자 자기계발 강사 그레그 S. 레이드^{Greg S.} Reid는 "꿈을 날짜와 함께 적어놓으면 목표가 되고, 목표를 잘게 나누면 계획이 되며, 계획을 실행에 옮기면 꿈이 실현된다."고 말했다. 목표를 세울 때는 구체적이고 명확하게 하는 것이 철칙이다. 목표를 달성한 자신의 모습을 마음에 그리고, 목표 달성을 위한 행동 계획, 구체적인 실천 계획을 세우는 것이다. 구체적인 준비가 된 사람만이 기회가 찾아올 때 놓치지 않고 잘 활용하여 성장·발전할 수 있다. 처음에 같은 모습으로 출발한 입사 동기라 할지라도 구체적인 목표를 갖고 일을 하느냐, 막연하게 잘 하려고 하느냐에 따라 결과가 완전히 다르다. 구체적인 행동과 실천으로 목표에 접근해가는 사람은 시간이 지나면 지날수록 지위나 연봉 그리고 사회적인 영향력에서 다른 사람들과 현격한 차이가 난다.

탁월한 리더는 목표가 달성되기 전부터 이미 목표를 달성한 자신의 모습을 마음속에 그릴 줄 안다. 막연한 꿈이 아닌 명확한 비전, 현실이 되는 목표를 설정하고 추구하기 위해서는 그에 맞는 전략이 필요하다.

유명한 동기부여 강사 브라이언 트레이시는 저서《판매의 심리학》에서 목표를 세우고 그 목표를 달성하기 위한 목표 공식 7단계를 소개했다.

첫째, 자신이 원하는 것을 구체적으로 정확하게 설정하라.

브라이언 트레이시는 "목표는 개인적인 차원에서 진정으로 원하는 것, 명확하고 구체적인 말이나 글로 반드시 규정할 수 있어야 하며, 측정할 수 있고 양을 잴 수 있는 것이어야 한다."고 말했다. 구체성이 없는 목표는 실천을 지속하기 어렵다. 경제적인 부를 목표로 설정하려 한다면 정확하게 얼마를, 어떻게, 언제까지 벌고 싶은지를 구체적으로 설정해야 한다. "2016년 6월까지《SNS 마케팅 기법》이란 저서를 발간하여 특강과 도서 인세로 2017년 6월까지 10억을 만들겠다." 같은 식이다. 건강을 위해 운동을 하되 마라톤 완주를 목표를 설정하려고 한다면 "2015년 12월 16일부터 달리기를 시작하고, 그날부터 매일 아침 6시에 기상하여 달리기를 한다. 2016년 4월

10km 마라톤 대회에 출전하여 60분 내에 완주하고, 2016년 10월 하프마라톤(21.1km) 대회에 참가하여 120분 내 완주하고, 2016년 11월 동아마라톤 대회에 출전하여 풀코스(42.195km)를 4시간 30분 내 완주하겠다."와 같이 계획을 구체적으로 잡아야 한다. 그래야 목표 달성을 위한 세부 계획이 수립되고, 잠재의식에까지 확고하게 입력되어 목표를 이룰 수 있다.

또한 목표는 현제시제로, 긍정문으로, 1인칭으로 표기해야 한다. 우리의 잠재의식은 현재시제present로 쓰인 단정적 표현을 통해 비로소 작동한다. 또한 무엇을 하지 않겠다거나 금지하는 내용의 부정적인 명령은 실천과 연결되지 않기 때문에 좋은 목표가 될 수 없다. '무엇을 한다'와 같은 긍정적positive인 문장이어야 한다. 그리고 목표는 개인적personal이어야 한다. 나를 주체로 놓고 나 자신의 가장 절실한 소망을 담아야 큰 에너지를 발휘할 수 있다.

인생을 통해 원대한 하나의 목표를 설정할 수도 있지만 목표를 세분화할 수도 있다. 삶 전반에서 큰 비중을 차지하는 요소들을 고려하여 경제적인 목표, 가정행복을 위한 목표, 건강의 목표, 잠재능력 계발 목표, 대인관계의 목표, 사회활동 면에서의 목표, 직장생활 또는 사업적인 목표 등으로 세분화된 목표를 설정하면 자신의 삶을 전반적으로 균형 있게 향상시킬 수 있다.

둘째, 목표를 종이에 적어라. 기록하지 않는 목표는 환상에 불과하다.

목표가 구체적일지라도 기록하지 않으면 지속가능한 동기부여가 되지 않고 실천의 열정을 계속 이어가기 어렵다. 글로 적은 목표는 우리의 시각에 호소하며 강제력을 동반한다. 글로 적은 목표는 언제 어디서든 뇌풀이해서 읽어볼 수 있다.

목표를 추구하다보면 어려움이 닥치기도 하는데 그럴 때 자신이 쓴 목표를 다시 끄집어내어 바라보고 읽어봄으로써 자신을 다잡을 수 있다. 목표를 세웠을 때의 에너지가 자신에게 작용하여 다시 새로운 아이디어, 활력과 의지가 생긴다.

목표 설정과 관련한 가장 대표적인 연구는 1979년부터 1989년까지 하버드 MBA 과정 졸업생을 대상으로 진행된 것이다. 졸업생들에게 "당신은 인생의 구체적인 목표를 글로 써놓은 것이 있습니까?"라고 질문한 결과, 졸업생 중 3%는 자신의 목표와 그것을 달성하기 위한 계획을 세워 기록해 놓았고 13%는 목표는 있으나 기록하지 않았다. 10년 후, 이 졸업생들의 경제적인 성취를 조사해 보았더니 기록하지는 않았지만 목표가 있었던 13%의 졸업생은 목표가 없었던 84%의 졸업생들보다 평균 2배의 수입을 올리고 있었다. 나아가 뚜렷한 목표와 실천 계획을 기록해 두었던 3%의 졸업생은 나머지 97%의 사람들보다 무려 10배의 수입을 올리고 있었다. 행복도와 삶의 만족도도 훨씬 더 높았다.

목표를 적는다는 것은 그 목표에 에너지를 집중하는 것이다. 매일매일 목표를 상기시켜 뇌가 성취를 도와주도록 자극하는 것이다. 아울러 목표를 적기 전까지 내 삶에 있어서 중요한 것과 중요하지 않은 것이 무엇인지 명확하게 구별하게 한다. 확실한 목표를 머릿속에 그려진 것 같아도 그것을 명확하게 표현하지 않으면 실천으로 이어지기 어렵다.

새 종이가 아니어도 좋다. 이 책이나 다이어리, 수첩, 스마트폰 등에 지금 당장 원하는 목표를 적어보자. 적는 순간 꿈을 이루는 기적이 시작된다. 리더십 이론에서는 이러한 기적을 '목표의 신비'라고 한다. 가급적 본인에게 늘 보이는 곳에 적어놓고 다른 사람들에게도 알려라. 더 많은 사람들이 내 목표를 볼수록 나도 자극을 받고 목표 달성은 더욱 앞당겨진다. 적는 자만이 살아남는다. 목표를 적는 행위는 길이 나지 않은 거치른 광야에 기차 레일을 놓는 것과 같다. 그 레일이 목표 달성이라는 목적지로 나를 안내할 것이다.

목표를 적는 것은 단순해 보일지 모르지만 그 효과는 정말 놀랍다. 동서고금을 막론하고 목표를 이룬 사람들에게서 수없이 볼 수 있는 사례다. 말과 언어에는 파장이 있어서 꼭 이루고자 하는 간절함으로 자신이 적은 목표를 반복적으로 말하면 그 좋은 파장이 성취를 가져온다. 호수에 돌을 던지면 그 파장이 호수 건너편까지 이는 것과 마찬가지다. 그래서 강헌구 교수는 《가슴 뛰는 삶》에서 "원하는 꿈과 목표를 하루에 15번 이상 글로 쓰라."고 강조했다.

출간 이래 90년이 지난 지금도 전 세계적 베스트셀러이며 자기계발서의 바이블이자 원조로 인정받는 《It Works: 꿈을 실현시키는 빨간 책》에서도. 역시 꿈과 목표를 이루는 3단 코스는 꿈과 목표를 원하고, 적고, 읽는 것이라고 말했다. 저자인 RHJ는 원하는 목표를 달성하기 위한 간단한 방법을 제시한다. 첫째, 자신이 진정으로 원하는 목표의 리스트를 석어서 항상 지니고 다니면서 아침, 점심, 저녁에 세 번 읽어라. 둘째, 소망하는 내용을 수시로 생각하라. 셋째, 그 내용을 주변 가까운 사람들에게도 알리고 내면의 능력에게도 이야기하라.

정해진 목표는 스마트폰 액정 첫 화면에 콱 박아두고 매일 쳐다봐야 한다. 그리고 자기의 목표를 다른 사람들에게도 널리 알려야 한다. 담배를 끊으려고 할 때 주위 사람들에게 금연 결심을 선포하는 것도 그래서다. 천호식품의 김영식 회장은 저서《10미터만 더 뛰어봐》에서 이렇게 결심을 선포하면 목표에 강제력이 생긴다고 말했다.《뿌리 깊은 희망》에서 차동엽 신부도 "희망을 글로 적어라. 가능한 한 또박또박 반복해서 적어라. 그리고 희망을 선포하라. 혼자 우물우물 속삭이지 말고 만천하에 공표하라. 그것이 더 큰 파장을 일으킬 것이다."라고 했다. 이처럼 자신의 꿈과 목표에 대하여 주변은 물론 어디에서고 세상에 공표하고 말할 수 있어야 한다. 그래야 꿈을 이뤄주고 연결해줄 인연이 닿는다. 내 꿈을 알게 된 누군가가 힘이 되어 준다.

스티븐 스필버그는 열두 살 때부터 영화감독을 꿈꾸었다. 열일곱 살이 되던 어느 날, 유니버설 영화사 스튜디오를 관광하면서 인생이 크게 바뀌었다. 자신이 진정으로 원하는 것을 찾은 스필버그는 영화 촬영장으로 숨어 들어가서 유니버설 영화사 편집부장을 찾아갔다. 그는 스필버그가 만든 영화에 관심을 가져주면서 한 시간이나 얘기를 나누었다.

대부분의 사람은 영화사 편집부장과 이야길 나누었다는 것으로도 감격했을지 모르겠지만 스필버그는 간절함이 남달랐다. 다음날 정장을 한 그는 영화사에 근무하는 사람처럼 가장하여 영화사를 찾아갔다. 비어있는 트레일러 사무실을 발견한 그는 문 앞에 '영화감독 스티븐 스필버그'라고 명패를 걸어놓았다. 자신의 목표를 적어서 만인 앞에 공표한 것이다. 그는 그 후 스무 살에 정식으로 영화사의 멤버가 되어 영화감독의 길을 걸었다. 이렇게 하여 우리 모두가 알고 있는 세계적인 영화감독 스티븐 스필버그가 탄생한 것이다.

꼭 이루고 싶은 확고한 내 목표를 주변에 진지하게 알렸는데 웃음거리가 될까봐 두려운가. 내 꿈과 목표를 들은 사람들이 "가당한 일이냐?" "네가 할 수 있겠어?" 하고 무시할까 겁이 나는가. 그렇다면 더욱 결심을 밝혀라. 남의 시선이나 비웃음, 두려움을 이겨내고 거침없이 당당하게 용기를 내어 내 목표를 어디에서고 공표해야 한다. 그리고 확실한 실천을 이어가면서, 목표 달성에 대한 나의 의지와 확고한 신념을 보여줄 수 있어야 한다. 그래서 "맞아, 저 친구는 분명히 이루어 낼 수 있을 거야!"라고 인정받을 수 있을 정도가 되어야 꿈을 향해 다가가고 있다고 자신할 수 있을 것이다. 남의 시선과 비난 때문에 움직이길 망설인다면 이미 그 단계에서 목표를 달성하기가 어려울 것이다.

종이 위에 꿈을 적고, 적은 목표를 읽어 보는 일이 어려운가? 아니다. 이런 핑계, 저런 핑계를 대며 빙임했기 때문이다. 실행하고자 하는 간절함이 부족했기 때문이다. 원하는 것이 있다면 지금 이 순간, 당장 글로 적고 읽자. 원하는 목표가 이뤄지는 멋진 결과를 맛볼 것이다.

셋째, 목표를 달성할 기간을 설정하라.

목표는 제한된 시간, 특정 기간 속에서 구체적인 모습을 드러낸다. 기간이 정해지지 않은 목표는 자면서 꾸는 꿈과 크게 다를 것이 없다. 달성할 기간을 정하지 않으면 그 목표는 달성해도 그만, 안 해도 그만인 한낱 꿈으로 그칠 가능성이 높다. 꿈에 기한을 설정해야만 비로소 목표가 된다.

언제까지 내 목표를 달성하고야 말겠다는 기간을 확실하게 설정해야 강력한 동기부여가 된다. 기한이 있으면 우리의 잠재의식에서 전력을 다하게 하는 강압 시스템이 가동된다. 인간은 편안하고자하는 욕망 때문에 기한이 정해져 있지 않은 일에 대해선 나태하고 게으르게 대응한다. 이것이 우리들의 본성이다. 기간의 제약이 없으면 언젠가 하면 된다고 생각하여 자꾸 미루지만 기한을 정하고 있으면 압박감 때문에라도 행동할 수밖에 없다.

목표가 커서 한 번에 달성하기 어렵다면, 장기 목표, 중기 목표, 단기 목표로 세분화하여 보다 정말하게 목표를 설정할 필요가 있다.

이루는 데 10년이 걸리는 장기 목표를 달성하려면 연간 목표와 월간 목표를 동시에 수립해야 한다. 그래야 언제든지 목표 대비 현재의 진척도, 즉 진행 상황을 항상 지속적으로 점검하며 자신을 독려할 수 있다.

넷째, 목표 달성을 위해 내가 할 수 있는 일의 목록을 만들어라.

새로운 실천 방법이 생각날 때마다 목록에 추가하자. 그 목록이 완성될 때까지 그 과정을 계속해야 한다. 목록에 하위 단계가 많을수록 목표 달성에 열정을 갖게 되고 더 큰 동기부여를 할 수 있다. 아무리 큰 목표라 할지라도 적당하게 작은 단계로 나눠 하나씩 성취해가면 결국에는 전부 달성할 수 있다.

다섯째, 해야 할 일의 목록은 목표의 연속성과 중요도를 기준으로 우선순위를 정하라.

목표를 이루기 위해 해야 할 일은 대부분의 경우 한 가지가 아니다. 많은 일들을 어떻게 진행해나갈지 우선순위를 설정해야 차근차근 실천할 수 있다. 우선순위를 정할 때 중요한 기준이 되는 것은 항목의 중요도와 실천의 연속성이다. 목록의 항목 중에 가장 중요한 것이 무엇인지, 먼저 할 일은 무엇이고 어떤 순서로 진행해야 각각의 일들이 연속성을 가지고 매끄럽게 연결될 것인지를 잘 판단해야 한다. 그렇게 중요도와 연속성에 따라 실천할 항목들을 우선순위대로 배열하고 나면, 그 목록을 바탕으로 합리적인 실천 계획을 짤 수 있다. 나의 실천 계획이 잘 짜여져 있을수록 목표를 향해 나아가는 길도 수월해진다.

여섯째, 목표를 세웠으면 그것이 무엇이든 실천에 들어가라.

고대 그리스의 의학을 집대성했던 의사 갈레노스는 "모든 것을 할 수 있으면서도 행동하지 않는 사람보다 비참한 사람은 없다."고 단언했다. 아무리 쉬운 일이라도 실천하지 않으면 그 무엇도 이룰 수 없다. 성공한 사람들의 공통된 습관은 정해진 계획은 반드시 실천했다는 것이고, 실패한 사람들의 습관은 생각만 하고 핑계거리를 찾아 실천하지 않았다는 것이다. 생각한 것을 실천하기란 그리 쉽지 않다.

일곱째, 실천 항목은 시간에 상관없이 매일 실행하라.

목표가 달성될 때까지 지속적으로 반복하여 행동을 습관화해야 지속가능한 실천이 자연스럽게 이루어진다. 씨름의 달인, 이만기 천하장사는 "매일 모래판을 땀으로 적셨더니 금싸라기 모래판이 되었다."라고 습관화된 노력의 가치를 이야기했고, 라이언 킹 이승엽 선수는 "혼이 담긴 훈련은 결코 배반하지 않는다."라고 했다.

이렇듯 브라이언 트레이시가 제시한 목표 공식 7단계를 바탕으로 자신의 목표와 계획들을 세밀하게 점검하고 잘 활용하여 목표 설정과 목표 달성에 꼭 성공하길 바란다. 이 7단계가 미처 습관이 되지 않아 실천하는 것이 쉽지 않다 해도 절대 포기해선 안 된다. 일곱 가지 모두를 실천하기가 어렵다면 일곱 가지 항목 가운데 첫째, 둘째, 셋째만이라도 꼭 실천하여 목표 달성의 꿈을 꼭 이루었으면 한다.

100가지 꿈을 적으라

이제까지 삶에 방향이 되는 목표와 꿈이 필요한 이유, 그것을 달성하는 방법을 이야기했지만, 아직 명확한 목표를 그려내지 못한 사람들도 있다. 이럴 때 느닷없이 원대한 목표를 기술하라고 하면 누구나 당혹스럽기 마련이다. 만일 크고 구체적인 목표를 설정하기가 막연하다면 또 다른 방법이 있다.

하고 싶은 일 100가지를 자유롭게 적어보자. 100가지가 많다고 생각되면 우선 10가지라도 써보자. 아주 작고 소박한 것, 꿈이나 목표라고 말하기에는 하찮아 보이고 사소한 것을 기술하는 것이다. 건강을 위해 아침에 일어나자마자 물 한 잔 마시기, 주말에 독서하기, 퇴근 전에 책상 정리하기 등 마음만 먹으면 쉽게 달성할 수 있고 실천 가능한 것을 꿈의 목록에 넣음으로써 목표 달성의 성취감을 몸으로 느끼게 하는 것이다.

작지만 구체적인 목표들을 세우고, 그것을 이뤄나가면서 성취감을 느끼고, 그것을 디딤돌로 삼아 조금씩 더 큰 목표를 실현해나가자. 그 작은 성취들이 행위자의 운명과 역사를 새롭게 만든다. 이러한 습관이 쌓이고 쌓여, 결국 큰 꿈도 이루어진다.

100가지나 되는 목표는 종류도 여러 가지일 것이다. 내 능력을 키우기 위한 목표도 있을 것이고, 돈을 모으거나 생활을 변화시키기 위한 목표도 있을 것이다. 이를 종류별로 분류하여 정리해보자. 재능계발·건강·정보습득 자기계발 분야, 습관·멘탈·리더십 등 내면 분야, 저축·자차 마련 등 경제적인 분야, 대인관계 등 사회활동 분야나 봉사활동 분야 등 범주를 구분하여 목표를 세분화할 수 있을 것이다. 내가 삶에서 무엇을 주로 추구하는지도 명확해지고, 우선순위를 성하기도 훨씬 수월할 것이다. 이런 과정을 통해 좀 더 분명하고 구체적인 삶의 목표 또한 얻을 수 있다.

이렇게 도출된 목표들에 대해 앞서 설명한 대로 기한과 우선순위를 정하고, 실천할 수 있는 계획을 세우고, 실행하여 나에게 습관을 만들면 그것은 반드시 결과로 나타난다. 많은 시간이 필요한 계획이라면 단기, 중기, 장기 목표를 구분하여 구체적으로 계획해놓고 실천하면 그 어떤 목표라도 다 이룰 수 있다.

주의할 점은 하고자 하는 것이 구체적이지 않으면, 성취할 확률 역시 낮아진다는 것이다. 막연한 목표는 막연한 결과를 얻을 뿐이다. 반드시 실천할 수 있는 작은 목표를 세워 꿈을 이룰 수 있는 확률을 높여야 한다. 지금 당장, 놓치고 싶지 않은 나의 꿈, 나의 목표는 무엇인지 살펴보고 꼭 이루고 싶은 것을 지금 당장 종이에 적어 보자.

우리는 어떤 꿈이든 꿀 수 있다. 꿈이 있는 한 가능성도 언제나 열려있다. 이것이 꿈의 장점이다. 의사가 되고 싶다. 프로 야구선수가 되고 싶다. 더욱 구체적으로 세계 올림픽 금메달리스트 김연아처럼 세계 피겨의 여왕이 되고 싶다는 것도 꿈이 될 수 있다. 그러나 꿈을 마음속으로 생각만 하면 그 꿈은 이루어지지 않는다. 꿈을 달성하려면 내가 왜 되고 싶은 것인지, 명확한 목적을 가져야 한다. 목적이 명확해야 실천 의지가 생기고 동기부여가 되며 뚜렷한 비전을 세울 수 있다. 비전이란 그 사람을 움직일 만큼 선명하게 보이는 길이자, 목적지에 도달하기 위한 표지판이다.

비전을 세우고 세부 실천 계획을 잘 다듬었다면 실천을 통해 실현으로 나아갈 뿐이다. 주어진 상황에 대해 깊이 사유하여 준비를 철저하게 하되 판단과 결정은 신속 과감하게 해야 한다. 또한 자신의 무한한 잠재능력에 대한 신뢰와 자신감을 바탕으로, 내그 결정에 따른 리스크를 감당하며 적극적으로 시도하고, 실천해야 한다.

미국의 성공 이론가이자《머피의 법칙》으로도 잘 알려진 조셉 머피는 "인생의 목적을 가져라. 계획을 세워라. 실현할 수 있다고 믿어라. 집중력을 향상시켜라. 도중에 포기하지 말라. 부정적인 말을 무시하라. 실패를 두려워하지 말라."라는 목표 달성의 일곱 가지 기준을 제시했다. 목표와 목적을 확실하게 인식하고, 내가 무엇을 위해 목표를 이루고자 하는지 그 이유를 알며, 내가 어디로 향하면 좋을지, 지금 무엇을 해야 하는지 끊임없이 고민해야 한다. 소망을 이루는 여정은 그러한 과정이 모여서 만들어진다.

누구나 다 자신이 원하는 분야에서
이 세상을 이끌어갈 만한
최고 리더로서의 잠재능력을 갖고 있다.

3장

잠재능력 계발과
리더십

01 당신의 잠재능력은 무엇인가
02 잠재능력을 키우는 상승의 마인드

UBUNT
Leadership

위대한 리더는 태어나는 것이 아니라 만들어진다. 이 세상에 태어나는 누구나 위대한 리더가 될 잠재능력을 갖고 있다. 전문가와 학자마다 이야기하는 수치는 다르지만 사람은 자기 잠재능력의 3~4%만 계발해도 누구나 위대한 리더, 훌륭한 지도자가 될 수 있다고 한다.

자본주의 사회의 꽃이라는 프로스포츠의 핵심은 잠재능력 계발이다. 축구든 야구든 모든 프로스포츠 구단에서는 아직 능력이 활짝 꽃피지 않은 어린 선수들에게 각자 맞춤형 트레이닝을 제공하며 각자가 갖고 있는 잠재능력을 계발하도록 기회를 부여한다. 선수의 가치를 향상시켜 구단 성적을 크게 올리는 것은 물론 능력이 꽃핀 선수를 다른 구단에 이적시켜 수익도 얻는다. 미국 스포츠계에서는 스카우터에게 무척 높은 대우를 한다. 아직 충분히 능력을 계발하지 못하여 가치를 인정받지 못하고 있는 무명 선수들의 자질과 잠재능력을 알아보고 발굴하여 데려오는 스카우터의 능력에 충분한 투자를 하는 것이다.

우승을 손에 넣는 구단, 세계적인 명문 구단이 되기 위해서는 선수의 잠재능력을 찾아내고 계발하는 것이 가장 지름길임이 실제 세계 각국의 스포츠계에서 입증되고 있다. 스페인의 FC바르셀로나는 선수지망생들이 유소년 시절부터 체계적인 육성 프로그램을 가동한다. 7세 어린이부터 18세 청소년까지 나이대별로 16개의 팀을 만들어 운영하며 그들의 무한한 잠재능력을 계발하고, 적극적으로 미래의 선수들을 육성한다. 세계 최고의 선수로 꼽히는 리오넬 메시 역시 FC바르셀로나가 어린 시절부터 길러낸 축구스타 중 한 사람이다. FC바르셀로나의 잠재능력 계발 프로그램이 배출한 수많은 축구선수들은 2000년대 이후 FC바로셀로나가 수많은 메이저 대회를 제패하며 전성기를 구가하는 데 커다란 힘이 되어왔다.

당신의 잠재능력은
무엇인가

잠재능력의 가치

유럽의 한 악기점에서 있었던 일이다. 초겨울 오후에 거지처럼 허름한 차림의 한 남자가 낡은 바이올린을 들고 들어와서 주인을 찾았다.

"이 바이올린을 사주시지 않겠습니까? 5달러만 주시면 됩니다. 며칠간 아무 것도 먹지 못했습니다. 죽어가는 사람 돕는 셈치고 5달러만 주십시오."

측은함을 느낀 주인은 5달러를 주고 낡은 바이올린을 받았다. 그 남자는 연신 고맙다고 인사하며 떠났고, 주인은 그 낡은 바이올린을 다락방 창고에 놓았다.

그날 저녁 가게를 정리하던 주인은 문득 생각이 나 그 낡은 바이올린을 꺼냈다. 그런데 시험 삼아 현을 퉁겨보니 낡은 바이올린답지 않게 음색이 깊고 울림이 컸다. 불빛 아래서 바이올린을 유심히 살피던 주인은 악기 안에 붙은 라벨을 보고 경악하고 말았다.

"안토니오 스트라디바리우스, 1704."

그 바이올린은 17~18세기에 최고의 바이올린 제작자였던 안토니오 스트라디바리가 그의 전성기에 제작한 물건이었던 것이다. 한 대에 수십만에서 수백만 달러까지 호가하는 명품 중의 명품이었다. 그 가치를 알고 있었더라면 남자는 결코 바이올린을 5달러라는 헐값에 팔지 않았을 것이다. 아니, 애초에 그렇게 가난한 처지에 떨어지지도 않았을 것이다.

무한한 가치의 잠재능력을 가지고 있으면서도 그 진가를 알아보지 못하고 하루하루를 5달러짜리 인생으로 살고 있는 것은 아닌지 우리는 반문해 보아야 한다. 100만 달러 이상의 가치를 가진 사람이 5달러에 목을 매고 산다면 얼마나 억울한가. 상점 주인이 소리를 내어 보고서야 바이올린의 가치를 알았듯이, 스스로의 진가를 알기 위해서는 능력을 발휘해 보아야 한다. 누구나 잠재능력을 가지고 있지만, 그 능력을 눈에 보이게 계발하기 전에는 어떤 가치가 있는지 알아볼 수 없기 때문이다.

자신의 특기 분야를 찾아내라

누구나 자신의 자질을 최대한으로 발휘할 수 있는 분야가 있다. 잠재능력을 최대한 이끌어내기 위해서는 자신이 남다른 가치를 창출할 수 있는 영역이 어디인지 파악하여 집중적으로 노력하는 것이 중요하다.

동양인 최초로 UN사무총장에 임명된 반기문 총장은 어릴 때부터 영어를 무척 잘했다. 50년대에 학창시절을 보낸 아이들이 영어를 잘하기가 쉽지 않은데 반기문 총장은 상당히 특별한 경우였다.

학생 시절 충주에서 고등학교를 다니고 있던 소년 반기문에게 아주 우연히 기회가 찾아왔다. 당시 한국은 농사에 꼭 필요한 비료를 전량 수입해 쓰고 있어 농산물 생산량 증대에 어려움이 있었다. 한국은 미국에 비료공장을 지어줄 것을 요청했고 미국에서는 충주에 비료공장을 건설했다.

하지만 공장이 세워졌어도 한국에는 공장을 가동할 엔지니어가 없었다. 한국인들에게 기술을 전수하기 위해 미국의 기술고문단이 파견되었고, 고문단은 비료공장 근처 기숙사에 머물며 한국 기술자들에게 공장 가동을 위한 기술을 전수했다.

충주 교육청에서는 이 일을 학생들의 영어교육을 보강할 기회로 삼기로 했다. 충주시내 각 학교의 고등학생 가운데 영어를 잘하는 학생들을 선발하여 비료공장 기술고문단으로부터 영어를 지도받을 수 있도록 요청했다. 이에 기술 고문단은 근무시간에는 한국 기술자들에게 기술을 가르치고 퇴근 후에는 선발된 충주시내 고교생들에게 영어를 가르쳤다. 지금으로 치면 원어민 영어교육을 받게 된 것이다. 반기문도 그때 선발된 학생 중 한 명이었다.

기술고문단과의 만남을 통해 반기문은 단순히 영어를 배우는 것을 넘어 새로운 꿈을 꾸기 시작했다. 나라 사이에 얼마나 다양한 교류와 협의가 이루어질 수 있는가를 경험하면서 국제 외교에 대한 비전을 본 것이다. 구체적인 꿈을 갖게 된 반기문은 더욱 열심히 영어를 공부하고 영어웅변 대회에서 1등을 하는 등 단연 두각을 나타냈다. 기술고문단에서도 그를 눈여겨보았고, 기술고문단과 적십자사의 추천으로 청년 방미단에 뽑혔다. 방미 프로그램은 미국이 전 세계 청년학생들을 대상으로 진행하는 글로벌 인재 발굴 프로그램으로, 미국에 간 소년 반기문은 다른 청년 대표들과 함께 케네디 당시 미국 대통령을 백악관에서 만났다. 그 순간부터 외교관이라는 그의 꿈이 더욱 구체화되기 시작했던 것이다.

충주에 비료공장이 세워진 것도, 그래서 미국인 기술고문단이 파견된 것도, 그 덕에 영어공부 기회가 생긴 것도 어찌 보면 모두 우연이었다. 하지만 반기문은 평소부터 가지고 있던 영어의 자질을 발휘하여 주어진 기회를 최대한 활용하였다. 지니고 있던 잠재능력을 한층 더 높은 수준으로 계발하였음은 물론 구체적인 비전을 수립하고 꿈 실현의 바탕을 만들었다. 이렇게 삶의 과정 속에서 기회가 주어질 때마다 적극적으로 자신의 잠재능력을 계발한 반 총장은 입지전적인 인물로 세계에 우뚝 서는 동시에 대한민국의 자랑으로 자리매김했다.

남보다 뛰어나고 일찍부터 두각을 드러내는 사람만이 잠재능력을 가지고 있는 것은 아니다. 내 초등학교 동창 중 한 사람은 중학교 2학년까지 구구단을 외우지 못했다. 혀도 좀 짧은 편이어서 발음이 정확하지 않았고 물을 '무이'라고 발음하여 무이라는 별명으로 불렸다. 그러나 그는 늘 싱글벙글이었고, 성품이 너무 순하디 순해서 순딩이라고 불리기도 했다.

그는 공부에 전혀 관심이 없었으며 책가방 안은 교과서가 아니라 뺀찌, 드라이버, 전선줄, 나사, 라디오 부속 등 온갖 연장과 부속품으로 가득 차 있었다. 그는 친구들이 만지다가 고장난 물건을 고쳐주거나 친구들이 원하는 물건을 뚝딱 만들어내는 재주가 있었다. 볼펜으로 신기한 딱총을 만들기도 했다. 어차피 공부에 관심이 없었으니 수업시간 내내 수업은 듣지 않고 책상 밑에서 연장을 만지작거리면서 이것저것 부수고 조립하는 것을 즐겼다.

모든 선생님들이 그 친구를 문제아로 찍어놓고 하루도 빠짐없이 혼을 냈다. 앞으로 뭐가 되려고 이러느냐는 게 친구가 가장 자주 듣는 핀잔이었다. 그런데 유독 지리를 가르치던 선생님 한 분만은 그 친구가 만든 기구나 물건 등을 보고 신기해하며 칭찬했다.

"손재주가 참 좋구나. 정말 잘 만들었네. 너는 분명 멋진 발명가가 될 거야!"

그 칭찬에 의기양양해진 친구는 진짜로 발명을 했다. 전기선과 구부린 수저를 연결하여 찬물을 따뜻하게 데워주는 온수기를 만든 것이다. 친구의 온수기 덕에 추운 겨울에 차가운 도시락을 먹던 반 아이들은 따뜻한 물을 마실 수 있었다.

한번은 이런 일도 있었다. 그 친구네 집 대문 앞에서 친구를 큰 소리로 불렀더니, 집 안이 아닌 지붕 위에서 "안으로 들어와!" 하는 목소리가 들리는 것이었다. 집안에 들어가보니 그 친구가 방바닥에 누워 볼펜 끝에 대고 말을 하고 있었다. 고장난 라디오의 부속품과 녹슨 함석 양동이를 활용하여 스피커를 만들어 지붕에 올려놓고, 볼펜 마이크를 연결하여 일종의 인터폰을 설치한 것이다.

그는 어려운 가정 형편 때문에 고등학교에 진학하지 못했지만, 특기를 살려 전파상의 종업원으로 일하게 되었다. 성실한 성품과 남다른 재주로 주인의 눈에 든 그는 25세에 전파상을 물려받아 경영자가 되었고 29세에 시공 전문 전기회사를 창업했다. 지금 그는 충청남도 내 도급순위 다섯 손가락 안에 드는 전기시공 사업자로서 탄탄한 기업의 CEO가 되어 있다. 그는 뛰어난 점보다는 뒤처지는 점이 더 많은 사람이었지만, 선생님의 격려와 칭찬 한마디를 터닝포인트로 삼아 자신에게 강점이 있는 분야에서 잠재능력을 꾸준하게 계발하였던 것이다.

한 가지 재능을 매개로 하여 이전에는 생각지도 못했던 새로운 잠재능력을 계발하는 사람도 많다. 초중고를 같이 다닌 내 친구 한 사

람은 대학에 진학한 후 탈춤에 반해 탈춤만 추었는데, 그 재능을 인
정받아 재학 중에 대한민국 4대 민속탈춤의 하나인 강령탈춤 전수
자가 되었다. 탈춤에 미친 그는 대학 전공은 반쯤 놓아버리고 자신
이 가장 잘할 수 있는 탈춤에 매진했다.

대학을 졸업한 후 한동안 왕래가 없었던 내가 그의 소식을 듣게
된 것은 시사월간지《신동아》를 통해서였다. 거기에는 '프랑스 몽마
르트 언덕에 울려 퍼진 한국 탈춤'이란 기사가 실려 있었다. 뜻밖에
도 그는 프랑스에 가 있었다.

그는 탈춤을 추는 것이 참 좋기는 하지만 이런 생활로는 미래를 위
한 비전을 창출할 수 없겠다고 생각했다고 한다. 한국 탈춤과 문화
를 세계에 널리 알리겠다는 목표를 세운 그는 100달러를 쥐고 강령
탈춤에 필요한 승복을 챙겨 무작정 프랑스로 떠났다. 예술의 도시
파리에 위치한 몽마르트 언덕은 전 세계로부터 모여든 무명 예술인
들이 각자의 재능을 퍼포먼스하며 예술계 진출에 도전하는 곳이었
다. 그는 몽마르트 언덕에 자리를 펴고 6개월 여 동안 강령탈춤을 추
었다. 그리고 그곳에서 예술적 재능을 뽐내던 세계 각국에서 온 예
술인들과 교분을 쌓았다. 매일 저녁 작가들과 술자리, 식사자리를 가
지며 난상 토론을 하고 예술 각 분야에 대한 안목을 넓혔다.

그렇게 1년여 간 예술가들과의 교분을 쌓는 사이 그는 미술품에
대한 안목과 식견이 생겨났을 뿐 아니라, 예술에 대한 새로운 비전
을 품게 되었다. 그는 친분을 쌓은 미술가의 추천으로 프랑스의 한

화랑에 소속되어 미술품 거래의 세계에 발을 들였다. 그동안 쌓아온 예술에 대한 열정과 진취성, 친화력을 바탕으로 그는 이곳에서도 한껏 능력을 발휘하며 성장을 거듭했다. 현재 그는 국내에서 몇 개의 유명 갤러리를 운영하며 세계적인 미술상으로 활동하고 있다. 날품으로 시작했으나 이를 계기로 계속 다른 능력을 개화시켜 대한민국 최고의 미술상으로 성장한 것이다. 거기에 처음의 비전을 잃지 않고 한국과 프랑스 간의 문화교류 대사로도 중요한 역할을 하고 있다.

학교 공부는 뒷전이고 컴퓨터만 끼고 살던 아이는 지금은 해킹 해결사가 되어 대기업 전자회사에서 근무한다. 게임에 빠져 부모 속을 그렇게 태우던 소년이 프로게이머가 되어 창조적 지식인으로 대우받는다. 바깥으로 놀러다니기만 바쁘던 아이는 지금 세계 4대 사막 극지 마라톤을 완주하며 의지의 한국인으로 청년들의 희망 아이콘이 되었다. 특별한 데라고는 없이 평범하기 그지없던 한 아이는 어느 날부터 배낭여행으로 전 세계를 돌며 각국의 신발을 모아 세계 신발 박물관을 열었다. 누가 어떤 잠재능력을 가지고 있을지는 주변은 물론 본인도 모른다. 고정관념에 사로잡히지 않고 적극적인 자세로 자신의 특기 분야를 개척해야 한다.

기회 부여가 능력계발의 핵심이다

잠재능력을 계발하는 가장 빠르고 확실한 방법은 기회를 주는 것이다. 리더는 실무를 진행할 때 이미 충분한 경험을 가진 구성원에게 일을 전담시키는 것이 아니라 아직 충분히 능력이 꽃피지 않은 사람에게도 기회를 주고 경험을 쌓게 해야 한다. 실무에서 능력을 발휘할 기회를 얻을 때 사람은 자신의 숨겨진 가치를 스스로 발견하고 새로운 가치를 창출할 수 있는 창의성을 이끌어낸다. 앞으로 나아가기 위한 경험 또한 실무에서 얻을 수 있다. 기회 부여를 통해 능력을 계발한 구성원의 힘이 회사에 융합될 때 회사의 잠재적 가치도 향상된다.

프로야구선수 류현진은 2006년 프로야구선수로 데뷔한 이후 한국리그 최고의 투수로 손꼽혔으며, 2013년 메이저리그 LA다저스에 스카웃되어 주전투수로 많은 활약을 했다. 그러나 한국에서 선수생활을 할 당시 류현진이 소속되어있던 한화 이글스는 대부분 리그 하위를 맴돌았고 류현진도 많은 승수를 올리기 어려웠다. 팬들이나 스포츠기자들은 류현진이 약팀 소속인 탓에 실력만큼 성적이 나오지 않았다고 자주 평했다. 하지만 류현진은 다저스 입단이 결정된 후 한 토크쇼 프로그램에 출연하여 다른 강팀이 아닌 한화에 가게 된 것에 감사한다고 단호하게 밝혔다. 그는 우수한 투수를 많이 보유한 강팀에서는 "선수층이 두텁다 보니 어린 선수에게 바로 선발 기회를 주지 않았을 것"이라며 자신에게 기회를 주었기에 "한화를 사랑한다."고 말했다. 약팀에서 선수생활을 한 덕에 신인 때부터 선발 출전을 할 수 있었고, 그로 인해 잠재능력을 지속적으로 키워나간 것이 좋은 투수로 성장하는 비결이었다는 것이다. 당시 류현진은 선발진이 부족한 한화라면 신인도 선발이 될 기회가 있겠다 싶어 봄 전지훈련 기간부터 실력을 어필하려고 노력했다고 한다. 성적에도 들어가지 않는 시범경기부터 150km의 공을 던지며 자신을 입증했다. 결국 류현진은 데뷔 초부터 곧바로 한화 이글스의 선발투수로 기용되었고, 18승을 거두며 신인왕과 MVP를 동시에 받았다. 강렬한 데뷔로 한국 야구계를 사로잡은 그는 한국 최고의 투수로 성장하여 메이저리그에도 진출할 수 있었다.

병아리가 세상으로 나오기 위해 마지막 과정으로 껍질을 깨는 것을 가리키는 말이 줄탁동시(啐啄同時)이다. 알 속에서 부화된 병아리가 껍질을 깨고 밖으로 나오려고 껍질을 안에서 톡톡 쪼는 것을 줄(啐)이라 하고, 그 소리를 듣고 병아리가 밖으로 나올 수 있도록 어미닭이 껍질을 쪼는 것을 탁(啄)이라 한다. 줄(啐)과 탁(啄)이 동시(同時)에 이뤄져야만 비로소 병아리가 단단한 껍질을 깨고 밖으로 나와 닭으로 자랄 수 있다. 단단한 껍질을 사이에 두고 안과 밖의 두 힘이 합해질 때 새로운 세상이 열린다. 줄탁동시는 새 생명을 탄생시키고 새 세상을 여는 절묘한 행위이다.

기회 부여를 통해 잠재능력이 개화하는 것도 이와 같다. 조직에서는 구성원 모두에게 적극적으로 기회를 부여하고, 구성원은 주어진 기회에서 최대한 경험을 얻고 최대한 성장하려고 노력해야 한다. 리더가 안일함에 빠져 구성원들에게 기회를 배분하지 않거나, 기회가 부여되었음에도 구성원들이 성장하려는 움직임을 보이지 않는다면 그 조직에는 희망이 없다.

안타깝게도 기회를 준다고 해서 모든 사람이 잠재능력을 계발할 준비가 되어 있는 것은 아니다. 어떤 조직을 보아도 자신의 잠재능력을 계발하기 위해 노력하는 사람들의 비율은 대략 구성원의 20% 정도에 그친다고 한다. 열 명 중 두 명만이 적극적, 능동적으로 노력을 하고 있을 뿐 나머지 80%는 이래도 그만 저래도 그만이라는 태도로 시키는 일만 대충 하고, 그저 따라만 다니며 편안함만을 추구한다. 살아있는 조직을 만들려면 이 80%의 구성원에게 적극적이고 긍정적으로 참여할 동기와 기회를 제공해야 한다. 매사 눈치만 보면서 소극적으로 임하고 있는 80%의 구성원들의 잠재능력을 계발하는 일이야말로 새 시대 리더의 가장 중요한 사명이다.

이들을 살아나게 하는 것은 조직 전체는 물론 이제까지 조직을 이끌어온 20%에게도 좋은 일이다. 기업에서뿐 아니라 살면서 갖는 숱한 모임에서도 회장이나 총무가 일을 모나지 않게 하면 계속해서 직무를 맡기는 경우가 많다. 일을 잘하면 잘한다고 계속하라고 하고, 잘 못하면 못했으니 한 번 더 열심히 해보라고 재선출한다. 그러나 고인 물은 반드시 썩기 마련이다. 다양한 인물에게 기회 부여를 하지 않는 단체나 기업은 발전하지 못하고 정체된다. 과거의 방식을 답습하며 활력을 잃어가고, 비리가 싹트기도 한다. 그러나 임원을 해보지 못한 다른 구성원들에게도 임원으로 봉사할 기회를 주어 구성원 모두 잠재능력을 계발한다면 모임 전체의 가치가 상승하여 모임이 훨씬 활성화된다.

권한 부여Empowerment는 구성원의 역량을 강화하는 가장 효과적인 방법이다. 식책과 업부 분장을 통해 그늘에게 기회 부여를 하고 권한을 위임하여 과업을 스스로 완수할 수 있게 함으로써 주체적으로 능력을 발휘할 수 있도록 도와야 한다.

시련과 고난은 성장의 계기이다

미국 메인주 캠덴에 사는 다니엘 키시Daniel Kish는 태어난 지 13개월 만에 원인도 모르는 병을 앓으며 시력을 상실했다. 그는 '본다'는 것이 무엇인지도 모른 채 자라나야 했다. 대신 그는 청력이 뛰어났고, 음파가 사물에 부딪혀 되돌아오는 반사파를 감지하는 데 탁월한 재주가 있었다. 그는 어린 시절부터 혀를 차서 소리를 낸 후 그 소리가 사물에 부딪혀 되돌아오는 반향을 감지하여 사물을 인식하곤 했다. 자랄수록 키시의 능력은 상승되어갔고, 그는 이 방법을 스스로 체계화시킴으로써 귀로 세상을 보는 방법을 개발했다. 그가 '인간 반향 위치 측정human echolocation'이라 이름붙인 이 인지법은 시각이 퇴화된 박쥐가 음파로 사물을 식별하며 날아다니는 것과 같은 원리다. 이 능력을 활용하여 그는 자전거와 등산을 즐기고 요리도 한다. 영상만 보면 시각장애인이라고 믿어지지 않을 정도다.

　그는 혀로 딱 소리를 내고 그 소리가 주위 사물에 반사되는 정도를 분별하도록 훈련하면 빌딩, 자동차 등 지형지물의 위치는 물론 재질이나 모양까지도 구별할 수 있다고 말한다. 시각장애인들이 이러한 훈련을 통해 자신의 잠재능력을 계발하면 맹인견이나 도우미 없이도 거리를 다닐 수 있다는 것이 그의 확신이다. 그는 '세계 시각장애인 접촉하기 협회World Access for the Blind'라는 단체를 만들어 자신의 위치 측정법을 전수하고 있다.

　다니엘 키시의 사례는 사람의 잠재능력이 진실로 경이롭고 무한함을 다시 한 번 보여준다. 그의 가장 위대한 점은 자신에게 닥친 장애와 고난을 남에게 없는 새로운 능력을 계발할 기회로 만들었다는 점이다. 인간에게 닥친 시련, 고난, 어려움, 장애 극복의 역사는 곧 잠재능력 계발의 역사이다. 어려움이 닥치더라도 아직 스스로 계발하지 못한 무한한 잠재능력을 계발할 기회라는 인식을 갖고 긍정적으로 맞서야 한다.

환경에 지배당하지 말라

　물고기 코이는 일본에서 서식하는 관상어이다. 이 물고기는 집 안의 어항에서 기르면 5cm 정도 크기밖에 되지 않지만 자연의 강에서는 1m까지 자라난다. 환경적응력이 뛰어난 이 물고기는 자신이 처한 환경이 어떠하냐에 따라 성장을 달리한다.

우리 주변에도 코이와 같은 사람들이 종종 있다. 내면에 한 국가도 경영할 수 있는 잠재능력을 갖고 있으면서도 이를 발휘하기 어려운 환경에서는 금세 타성에 젖는다. "네가 뭘 한다고? 지금 있는 위치에서나 잘해." 하고 핀잔을 주면 "맞아. 내가 뭘……." 하며 그 자리에 안주한다.

이처럼 외부 환경 때문에 자신의 잠재능력을 발휘하지 못하는 것은 개인적으로도 손해지만 사회적, 국가적으로도 큰 손실이다. 타인이 자신을 알아주지 않는다고 해도 잠재능력을 발휘하고 성장하려는 시도를 계속해야 한다. 이력서를 넣어도 취업이 되지 않는다고 의지를 잃고 집에 틀어박히는 사람, 중요한 일을 맡겨주지 않는다고 잡무에 만족하며 한 자리에 머무는 사람, 이런 사람들은 어항이 좁다고 성장을 멈추는 코이와 같은 사람들이다. 외부 환경에 지배받지 않고 스스로 자신과 자신의 환경을 만들어가야 한다.

취업을 준비 중인 한 청년이 있었다. 그는 꾸준히 이력서를 넣고 면접을 보았지만 수십 곳에서 낙방을 맛보아야 했다. 그러던 중 가방을 만드는 K사라는 중소기업에서 면접에 오라는 연락이 왔다. 청년은 면접날까지 회사에 대해 면밀하게 분석하고, 시장조사도 단단히 하여 이를 바탕으로 K사의 가방을 위한 마케팅 기획서를 만들었다. 만전의 준비를 갖춘 후에 면접을 보러갔다.

면접은 그룹으로 치러졌고, 회사 대표도 면접관으로 나와 있었다. 그러나 청년에게는 그리 일이 잘 풀리지 않았다. 다른 사람들은 많은 질문을 받았지만, 그에게는 부모님의 직업이 무엇이냐는 등 회사와 상관없는 질문이 던져질 뿐이었다. 애써 준비한 기획서를 보여줄 기회도 없었다. 여기서도 떨어졌구나 생각한 그의 마음속에 이대로 나가면 끝이라는 절박감이 솟아올랐다. 면접이 끝나고, 면접자들이 자리에서 일어서자 청년은 맨 뒤에 섰다. 그리고 다른 면접자들이 밖으로 나가자마자 문을 잠그고 재빨리 사장님 앞으로 다가갔다. 그리고 자신이 하고 싶었던 이야기를 큰 소리로 말했다.

"저는 K사에 꼭 입사하겠다는 소망으로 가방 마케팅에 대해 치열하게 공부했습니다. 저는 대학에서 마케팅을 전공했으며, 저희 전공 지식과 가방에 대한 관심, 열정을 바탕으로 가방 마케팅의 세계에 뛰어들 준비가 되었다고 자신합니다. K사가 최고의 가방 브랜드가 될 수 있도록 저의 모든 열정과 능력을 다 바치고 싶습니다……."

그리고 준비해온 기획서를 내놓으며 자신이 생각한 현재 시장 상황과 K사의 마케팅 전략에 대해서 이야기했다. 아직 실무경험이 없었던 그의 기획서는 아주 훌륭한 것은 아니었지만, 사장이 그의 적극성을 높이 샀는지 그는 결국 K사에 입사할 수 있었다. 그리고 20여 년이 지난 현재, 그는 해외시장과 내수시장을 활발하게 공략하는 중견 회사의 대표이사로 재직하고 있다.

면접관은 그에게 기회를 주지 않았다. 하지만 그는 주어진 상황에 갇히지 않고 자신의 장점과 포부를 드러낼 기회를 스스로 만들었다. 전략을 갖고 미리 준비했고, 적극적으로 나섰다. 사람이 환경에 간히는 것은 상황이 주어질 때까지 기다렸다가 뒤늦게 대응하기 때문이다. 환경을 박차고 나서 성장하기 위해서는 멀리 보고, 미리 준비하고, 적극적으로 기회를 만들어야 한다.

고정관념에 갇히지 않는 것도 중요하다. 고정관념에 갇혀 바라보는 세상은 매일 똑같고 지루하고, 짜증스럽고 방해되는 일 투성이인 곳이다. 하지만 관점을 바꾸면 세상은 신선하고 기회로 가득찬 곳이며, 나 자신 역시 얼마든지 새롭게 도전하고 변화할 수 있는 사람이다. 그 신선함은 호기심을 자극하고 우리의 잠재능력을 살려낸다.

한 나그네가 어두운 새벽에 강가를 거닐다가 무언가가 꽉 찬 가방에 발이 걸려 넘어졌다. 가방에 손을 넣어 만져보니 딱딱한 돌멩이들이 가득 차 있었다. 화도 나고 다리도 아프고 하여 그 자리에 주저앉은 그는 심심풀이 겸 화풀이로 가방에서 돌을 하나씩 빼내어 흐르는 강물에 던졌다. 돌멩이들은 시원스러운 소리를 내며 강 한가운데로 떨어졌다.

가방을 다 비운 나그네는 자리에서 일어서서 마지막으로 남은 돌 하나를 던지고 길을 나서려고 했다. 그런데 팔을 높이 들어올린 순간, 때마침 동터오는 햇살에 돌이 반짝였다. 깜짝 놀란 나그네는 손에 쥐고 있던 돌을 다시 바라보고는 가슴을 치며 통곡했다. 가방 안에 있던 돌멩이들은 모두 눈부신 다이아몬드였던 것이다.

만져봤더니 돌 같다고 전부 다 돌인 것이 아니다. 어둠 속에서는 빛을 발하지 못하지만 빛을 비추면 눈부신 다이아몬드처럼, 돌인 줄만 알았던 것이 아직 드러나지 않은 잠재능력일 때가 많다. 자신의 능력을 스스로도 알아보지 못하고 그대로 썩히고 있거나 강물에 내버리고 있는 것은 아닌지 돌아봐야 한다. 누구나 자신의 특기 분야에서 성공할 수 있는 능력을 가지고 있다. 다른 시선으로 자신과 주변을 바라보라. 어쩌면 일상 속에도 아직 발견하지 못한 새로운 기회가 있을 수 있다. 내가 어항이라고 생각한 장소가 사실은 광대한 바다로 나아가는 길목이고, 작은 붕어라고 생각했던 자신이 바다를 호령하는 거물로 자라날지도 모른다.

잠재능력을 키우는
상승의 마인드

자신의 잠재능력을 믿어라

얼마 전 케이블 방송사에서 몽타주를 가장 잘 그린다는 작가 두 분을 스튜디오에 모셨다. 한 작가에게는 모델을 직접 바라보면서 몽타주를 그리도록 하고 한 작가에게는 다른 사람이 그 모델을 보면서 얼굴 생김새를 설명한 것을 듣고 몽타주를 그리게 하였다. 결과는 모델을 직접 보고 그린 것보다 다른 사람의 설명을 토대로 그린 몽타주가 모델의 실제 모습보다 더 보기 좋았다. 당일 20여 명을 상대로 실험을 하였는데 결과는 매번 동일했다.

이 실험은 몽타주 작가의 실력이나 몽타주의 정확도를 살펴보기 위한 것이 아니다. 이 실험이 갖는 포인트는, 내가 생각하는 나의 잠재능력보다 주변에서 바라보는 나의 잠재능력이 훨씬 더 크다는 것이다.

그래서 자신의 잠재능력을 낮잡아보거나 "나는 안돼!" "내가 어떻게!"라며 스스로를 무시해서는 절대 자신의 무한한 잠재능력을 계발할 수 없다. 스스로 원하는 분야에서 탁월한 리더로 성장할 가능성을 갖고 있다는 믿음을 확실하게 가져야 자신의 잠재능력을 발휘할 수 있다.

사회생활을 하다 보면 학창시절에는 별로 특별한 능력을 발휘하지 못했던 친구가 사회에서 성공하는 경우를 쉽게 만난다. 그들의 성공을 그저 부러워하거나, "나보다 공부도 못했는데……. 어쩌다가 운이 좋아 성공한 걸 거야!'하며 시기하지는 않았는가. 혹은 '나보다 못한 친구가 저렇게 성공할 때 나는 뭘 했지?'라며 의기소침해지지는 않았는가. 성공한 친구들과 나를 비교하며 부정할 것이 아니라 나 역시 언제든지 내 잠재능력을 살려 내가 일하는 분야에서 최고 리더가 될 수 있다고 믿어야 한다.

누군가를 평가할 때 그 사람의 현재 능력이나 처한 상황만 보고 단정하는 것은 어리석은 일이다. 그가 가진 무한한 잠재능력을 발견하기 위해 여지를 두어야 한다. 스스로에 대해서도 마찬가지다. 현재 갖고 있는 능력만 재어 보고 자신은 거기까지라고 단정하는 것은 스스로에게 너무나 가혹한 일이다. 우리는 포기하거나 노력을 멈추지 않는 한 끊임없이 발전할 수 있다.

후배들에 대해서도 마찬가지다. 지금 보여주는 능력만 보고 섣불리 그들의 인생을 예단하면 안 된다. 지금은 비록 많이 부족해 보일지라도 그들 가운데 누구와도 비교할 수 없는 잠재능력의 소유자가 있을지도 모른다. 그 능력을 계발하여 대한민국의 최고 경영자, 대한민국의 빌 게이츠, 제2의 반기문으로 성장할 수 있는 이가 지금 당신 곁에 있을 수도 있다.

긍정의 힘으로 한계를 벗어나라

잠재능력을 키우는 데 가장 방해가 되는 것은 무엇을 시작하기도 전에 스스로 한계를 정하는 것이다. 목표를 세울 때는 지금 가진 역량만이 아니라 앞으로의 성장 가능성에 대해서도 고려해야 한다. 자신의 미래나 한계를 미리 결정하고 섣불리 판단하는 것은 결코 바람직하지 않다. 내 생각의 한계가 곧 내 능력의 한계가 된다. 사람들은 누구나 자신이 생각하는 것보다 훨씬 더 거대한 잠재능력이 있음을 수많은 리더들이 삶을 통해 입증했다.

여기까지가 내 한계이고 더 이상은 안 된다고 생각하면 내 능력은 거기까지만 발휘된다. 하지만 더 할 수 있다고 생각하고 한계를 정하지 않으면 내 능력은 더욱 뻗어나간다. 내가 된다고 생각하면 되는 것이 내 능력이 된다.

말에는 에너지가 있다. 안 될 것이다, 할 수 없다는 말을 입에 달고 살면 아무것도 이루지지 않지만, 잘 될 것이고 좋은 일이 있을 것이라고 말하는 사람은 반드시 잘 된다. 매일 아침 집을 나서 출근하기 전에 거울을 보며 "오늘 내가 할 일은 다 잘 될 거야!"라고 외치면 그만큼 나의 하루가 힘을 받는다.

자신이 스스로 한 말은 물론 다른 사람이 해 주는 말도 큰 힘을 발휘한다. 어느 마을 할머니 한 분은 손주들이 잘못을 하면 혼을 낼 때 꼭 "이놈, 판사 할 놈, 의사 할 녀석!" 하고 말했다고 한다. 꾸지람인 듯 꾸지람이 아닌 듯, 역정을 내면서도 당신의 꿈을 담아 손주들을 부른 것이다. 후에, 목표가 담긴 욕을 먹고 자란 그 할머니의 손주들은 실제로 판사가 됐고, 의사가 되었다. 그래서 그 마을에서는 어른들이 아이들을 혼낼 때, 듣기 싫은 말보다는 아이에 대한 바람을 담은 말로 꾸짖는 것이 관습이 되었다고 한다.

사람은 어떤 생각을 하느냐에 따라 행동이 크게 달라진다. 어떤 일이 주어지더라도 충분히 할 수 있다는 생각으로 서로를 격려하며 박차를 가하면 조직 전체가 무한한 능력을 발휘할 수 있다.

이런 긍정의 리더로 대표적인 인물이 바로 故 정주영 현대그룹 회장이다. 긍정적인 사고방식 하면 정 회장을 빼놓고 이야기하기가 어렵다. 정 회장은 어떤 프로젝트에 대해 그룹의 임직원들이 안 된다거나 할 수 없다고 부정적인 보고를 하면 곧바로 "임자, 해보기나 했어?" 하고 반문했다고 한다. 단순한 질문이지만 엄청나게 무서운 질문이다. 무엇이든 할 수 있다고 믿는 데서 나오는 불도저같은 추진력은 현대를 세계적인 기업으로 키워낸 원동력이었다.

지난 세기 우리나라가 아직 어렵던 시절, 가장 큰 문제는 나라에 세계 통화인 달러가 부족하다는 것이었다. 막 성장하기 시작한 경제에 활력을 불어넣기 위해서는 해외 수출을 통해 날러를 벌어늘이는 것이 필수였다. 1970년대, 우리나라에서는 중동의 건설사업 수주를 검토했다. 당시 석유파동으로 헤아릴 수 없는 오일달러를 거머쥔 중동 국가들은 다양한 인프라 건설에 나섰고, 그 공사를 한국 건설회사가 맡아 성공시키기만 하면 큰돈을 벌 수 있었다.

문제는 중동의 낯설고 열악한 환경이었다. 중동 진출을 타진해본 한국의 공무원들은 난색을 표하며 우리의 여건과 건설 기술로는 사업이 어려울 것이란 의견을 내놓았다. 온통 사막이라 건설 공사에 절대적으로 필요한 물도 없고, 낮 기온이 50도까지 올라가 도저히 인부들이 일을 할 수 없다는 것이었다.

하지만 그 이야기를 들은 정주영 회장은 역으로 이렇게 말했다.

"중동은 이 세상에서 건설하기 제일 좋은 지역이다. 1년 열두 달 비가 오지 않으니 1년 내내 공사를 할 수 있다. 사막에 공사에 필요한 모래와 자갈이 모두 있으니 현장에서 자재를 조달하기가 쉽다. 물이야 실어오면 되고, 더운 낮에는 천막을 치고 자고 기온이 내려가는 밤에 일을 하면 된다."

현대건설을 시작으로 수많은 대한민국 일꾼들이 중동으로 달려갔다. 그리고 낮에는 자고, 밤에는 횃불을 들고 일했다. 그 모습을 보고 전 세계가 놀랐다. 사막으로 덮인 열사의 나라에서 우리 노동자들은 남들 몇십 배의 땀을 흘린 후, 당시로서는 상상도 하기 어려울 만큼의 달러를 벌어 돌아왔다. 대한민국은 중동 개발 붐에 힘입어 경제발전을 도모할 수 있었고, 건설 역량도 크게 향상되었다.

사막의 검은 밤에 한국인들의 머리 위를 밝혔던 것은 긍정의 횃불이었다. 긍정은 모든 것을 가능하게 한다. 생각의 크기에 한계가 없었던 정주영 사장의 역발상과 긍정적 리더십이 한국 건설과 한국 경제의 잠재능력을 꽃피운 것이다.

반대로 부정적인 태도는 자신은 물론 조직 전체의 잠재능력 계발을 저해한다. 주어진 일이 불가능하다면서 시작도 하기 전에 쉽게 포기하는 사람들이 조직의 한계를 규정짓는다. 특히 남보다 먼저 새로운 시각으로 능력을 계발하고 새로운 도전을 하기 위해 최선을 다하는 사람 주변에는 꼭 이런 방해꾼들이 나타난다.

"그런다고 될 것 같아? 여기서는 미래가 없어, 대충 해!"

"그냥 편하게 살면 되지, 무슨 일을 또 벌여?"

이렇게 툭툭 내뱉는 한두 마디 말이 구성원들의 의욕과 하고자 하는 힘을 약화시키고, 모든 구성원의 잠재능력 발휘를 방해한다. 이들은 모든 일에 부정적이면서 소극적이다. 무슨 일이든 불가능하다고 말한다. 지금보다 더 나은 사회를 지향하지 않는다. 절대 남의 삶을 책임져주지 않는다.

만일 주변에 이러한 방해꾼이 있다면 더욱 마음을 다잡아야 한다.

주변의 소리에 수긍하여 자신의 의지를 접는다면 자신의 능력은 그대로 계발되지 못한 채 묻힐 수밖에 없다.

한 농부가 우연히 독수리 알 두 개를 주웠다. 농부는 독수리 알을 다른 날샬과 함께 닭 둥지에 놓아누었다. 얼마 후 어미닭 품에서 병아리들과 함께 두 마리의 새끼 독수리가 부화했다.

닭 둥지에서 태어난 새끼 독수리는 함께 부화된 병아리들과 마찬가지로 이리저리 몰려다닐 뿐 날지도 못했으며, 땅에 흩뿌려진 곡식이나 곤충을 쪼아 먹었다. 그러던 어느 날 새끼 독수리들은 하늘을 올려다보다가 높고 넓은 하늘에 큰 원을 그리며 구름 속으로 사라졌다 나타나는 독수리의 늠름한 자태를 보았다.

"저게 뭐예요?"

새끼 독수리가 수탉에게 물었다.

"으응, 저건 독수리라고 하는데, 세상에서 가장 위대한 새란다."

수탉이 세상 물정을 다 아는 듯한 목소리로 대답했다.

"정말 멋져요. 나도 저렇게 되고 싶어요."

새끼 독수리가 동경심을 갖자 수탉이 깜짝 놀라 타일렀다.

"애야, 절대 헛된 꿈을 꾸지 마라. 저들은 우리와는 다른 족속이야. 우리 닭은 절대로 저렇게 날 수 없단다. 날아오르다 떨어지기라도 하면 어떻게 하느냐? 너를 걱정해서 하는 말이란다."

수탉의 말을 들은 새끼 독수리 한 마리는 다른 병아리와 계속 어울려 다녔다. 그러나 날고 싶다는 꿈을 가진 다른 새끼 독수리는 그날부터 날기 위하여 연습했다. 아무도 가르쳐주지 않았고, 누구도 응원해주지 않았다. 오히려 허황된 꿈을 꾼다며 손가락질하며 바보라고 놀렸다. 그럼에도 그 새끼 독수리는 수없이 날아오르다 떨어지고 넘어지고 엎어지면서도 연습을 포기하지 않았다. 그리하여 그 새끼 독수리는 마침내 푸른 하늘을 훨훨 날아오를 수 있게 되었다. 당당하고 늠름한 독수리가 된 것이다.

혹시 여러분도 주변의 수탉 같은 사람들의 말만 듣고 날아볼 생각조차 하지 않는 것은 아닌가? 사실은 저 푸른 하늘을 비상해야 할 독수리 날개를 갖고 있으면서 말이다.

멀리 보고 때를 기다려라

중국 동부에서 자라는 모소란 대나무가 있다. 이 대나무는 심고 나서 4년 동안은 땅속에서 영양을 섭취하고 있다가 5년째가 되어서야 비로소 순을 틔운다. 그러나 일단 죽순이 돋기 시작하면 순식간에 30cm가 넘게 자라고, 불과 여섯 주 만에 15m 이상 자란다. 지혜로운 리더는 모소와 같아야 한다. 위로만 성장하려고 서두르기보다 먼저 아래로 튼튼한 뿌리를 내리고, 그 뿌리의 힘을 바탕으로 삼아 위로 성장할 줄 아는 사람이 탁월한 리더다.

모소와 같이 우직하게 때를 기다리기 위해서는 인내와 끈기, 스스로 확신을 가질 수 있는 비전이 있어야 한다. 비전이 없는 리더들은 입신과 성공에 급급한다. 남에게 보여줄 수 있는 자리나 부를 추구하려고 위로 위로 내뻗으려 한다. 하지만 이런 삶은 뿌리가 약한 나무의 형세와 같다.

오늘날 우리 사회에는 아직 준비가 되지 않았는데도 무조건 리더의 지위에 오르려고 서두르는 사람들이 많다. 이들은 자신의 잠재능력을 계발하여 리더의 역량을 키우는 것보다는 경쟁에 이겨서 남들 위에 올라서는 데에만 관심이 있다. 이런 사람들은 리더의 자리에 오르더라도 조직을 감당할 만큼 능력이 계발되어 있지 않은 경우가 많다. 조직의 비전에 대한 이해도, 다른 구성원들을 생각하는 마음도 부족하다. 제대로 된 리더십을 발휘하지 못하고 본인은 물론 조직과 구성원까지 어려움에 빠뜨린다.

늦게 피는 꽃처럼 다소 시간이 늦어지더라도 자신의 내면 세계를 확고히 다지고, 자신이 닦은 역량만큼 세상에 쓰임 받겠다는 마음을 지녀야 한다. 비전을 가지고 차근차근 성장한 리더는 소속된 조직과 그 구성원에 대한 이해가 있다. 자신의 성장에 도움을 준 사람들에 대한 고마움의 마음, 그만큼 자신도 도움을 주어 모두 함께 성장하겠다는 마음도 지니고 있다. 이런 리더가 바로 모두와 함께 성장하는 우분투 리더의 새싹이다. 잠재능력을 계발하고 성장하는 과정에 우분투 리더의 비결이 숨어 있다.

큰 리더가 되고 싶다면 그만큼 긴 인내의 시간과 강인한 의지를 가져야 한다. 주어진 환경에서 내가 앞으로 나아갈 것인가 아니면 그 자리에 멈출 것인가 하는 것도, 나의 잠재능력을 계발하여 자신의 가치를 높일 것인가 아니면 현재의 상태에 안주할 것인가 하는 것도 전적으로 자신의 의지에 달려 있다. 노력이 곧바로 인정받지 못한다 해도, 세상과 주변 사람이 나를 무시하고 지금의 모습이 내 능력의 전부라고 한정지으려 한다 해도, 노력을 멈추지 말고 계속 움직여야 한다. 냇가에서 물고기를 살펴보면 물살을 거슬러 오르지 못하고 물결을 따라 흘러가는 물고기가 있다. 이 물고기는 대부분 죽은 물고기이다. 살아 있는 물고기들은 다 물살을 거슬러 올라간다. 물살을 힘차게 거슬러 오르는 연어처럼 한계에 저항하여 살아 있음을 보여줘야 한다.

내 꽃이 안 피었다고 내가 꽃이 아닌 것은 아니다. 세상 모든 꽃들이 한꺼번에 피었다 지면 그것도 식상한 일이다. 일찍 피는 꽃이 지고 난 뒤 늦게 피는 꽃도 있어야 세상이 아름답다. 그대가 아직 꽃을 피우지 못했다 해도 늦었다 생각할 필요 없다. 내 삶의 아름다운 드라마를 위해 좀 늦게 피는 것일 뿐이다. 인내와 정성을 쏟는다면 그 어떤 꽃보다 더 아름다운 꽃이 피어날 것이다.

잔잔한 바다는 결코
훌륭한 선장을 만들지 못한다.
거친 파도만이 탁월한 선장을 만든다.

4장

시련 극복
리더십

UBUNT
Leadership

살다 보면 하는 일마다 잘 안 풀리고, 거듭해서 모진 시련이 닥칠 때가 있다. 그럴 때 남들은 다 잘 나가는데 왜 나에게만 시련이 찾아오나 하는 생각이 들기도 할 것이다. 그러나 인간만사 새옹지마라 했다. 신은 누구에게나 견딜 수 있을 만큼의 시련을 준다고도 했다. 어려움이 찾아왔다고 해서 결과를 섣불리 예단하면 안 된다. 그 시련을 긍정적인 마인드로 이겨내느냐, 굴복하여 포기하느냐에 따라 인생은 완전히 달라질 수 있다.

세계를 이끈 위대한 리더로 역사에 기록된 사람들 중에는 콤플렉스나 장애를 갖고 있던 사람이 의외로 많다. 프랭클린 루즈벨트, 윈스턴 처칠, 헬렌 켈러, 마하트마 간디, 테레사 수녀, 알버트 슈바이처 박사, 마틴 루터 킹 2세 등이 대표적이다. 또한 우리와 같은 시대를 살았거나 살고 있는 오프라 윈프리, 마이크로소프트 사의 빌 게이즈, 애플 사의 스티브 잡스 등 세계 각 분야 존경받는 리더들의 성장 과정을 살펴보아도 가난하거나 차별받는 어린 시절을 보낸 이들, 병이나 학대, 장애 등으로 고통받은 이들이 숱함을 알 수 있다.

그들은 자신에게 주어진 시련을 오히려 자신을 성장시키는 계기로 삼아 세계 최고의 리더로 발돋움하였다. 시련을 이겨내기 위해 쏟았던 에너지가 위대한 리더로 성장하는 동력이 되었던 것이다.

시련을 반전하여
기회를 탐색하라

시련을 성공의 계기로 삼은 리더들

위대한 리더는 시련과 역경을 먹으며 성장하는 나무이며, 시련을 결코 걸림돌로 여기지 않고 디딤돌 삼아 일어서는 사람이다. 큰 어려움이나 문제가 찾아올수록 리더의 중요성은 커진다. 리더는 조직의 구성원들이 시련이나 역경 속에서 포기하지 않도록 비전을 보여주어야 한다. 만약 리더가 그 역경을 딛고 일어서지 못하고 포기하거나 주저앉게 되면 그 자신이 조직의 걸림돌이 된다. 하지만 밖으로는 눈앞에 닥친 시련을 이겨내고, 안으로는 장애와 콤플렉스를 극복하고자 처절한 노력을 다하면 폭발적인 상승작용이 일어난다. 안팎으로 시련과 장애를 이겨내려는 절실함과 열정이 우리를 진정한 리더로 성장시키는 것이다.

조개가 진주를 만드는 과정도 이와 유사하다. 조개껍질 안으로 거친 돌이니 모래알이 들어오면 조개는 그것들이 내는 상처들을 감내하며 오롯이 품어 낸다. 그리고 상처를 스스로 치유하기 위해 분비물을 내뱉는데, 그것이 진주가 된다. 때때로 이 과정의 아픔을 견디지 못한 조개들은 죽기도 한다. 그러나 포기하지 않고 끊임없이 이겨낸 조개는 영롱한 진주를 얻게 된다. 세계의 지도자들 또한 상처를 딛고 일어서는 과정을 거치면서 자신의 가치를 높였다. 자신이 처한 상황을 부정적으로 받아들이지 않고 긍정적인 시선으로 적극적으로 타개해 나간다. 삶을 성공적으로 만들어 가기 위해서는 우리에게 닥친 어려움이나 상황 그 자체가 아니라 우리가 그 상황을 어떻게 이겨내느냐 하는 것이 가장 중요하다.

문제는 이겨내려고 시도하지도 않고 아예 포기하는 태도이다. 차라리 실패하는 것이 시도하지 않는 것보다 낫다. 미국의 자동차 회사 포드의 창업자 헨리 포드는 이렇게 말했다. "미래에 대한 두려움, 실패에 대한 두려움은 당신이 행동하지 못하도록 옷자락을 자꾸만 잡아끈다. 그러나 실패는 성장으로 이어지는 유일한 기회이다. 성실하게 노력했는데도 실패하는 것은 수치가 아니다. 실패를 두려워하는 마음이야말로 진짜 치욕이다."

세계적으로 유명해진 이들 가운데도 자신의 악조건을 성장의 발판으로 삼아 분야 최고의 전문가로 성장한 사람들이 많다. 프랑스의 시인이자 소설가인 장 주네는 어머니가 매춘부라는 사회적 편견과 궁핍했던 어린 시절을 극복하고 최고의 극작가로 활동했다. 영국의 아동문학 작가 J.K 롤링도 이혼과 가난 등 끝이 보이지 않던 어려운 현실 속에서 좌절하지 않고 마침내 해리포터 시리즈를 완성시켰다.

꼭 비범한 사람만이 자신의 시련을 성공의 디딤돌로 삼을 수 있는 것은 아니다. 뉴욕 시의 우범지대 중 하나였던 브루클린에서 정육점을 운영하던 윌리엄 리바인William Levine은, 한 달 동안 무려 네 번의 무장 강도를 만나 빈털터리가 되었다. 그 후, 리바인은 강도로부터 자신의 생명을 보호하기 위해 방탄조끼를 입고 일을 했다. 그러자 리바인과 마찬가지로 범죄 위협에 시달리던 주변 상인들이 그를 찾아와 물었다.

"그 방탄조끼를 어디서 구입할 수 있죠?"

리바인은 주변 상인들의 방탄조끼 주문을 대신 받아주기 시작했고 주문은 점점 늘어나 감당하지 못할 지경에 이르렀다. 리바인은 아예 정육점을 정리하고 방탄조끼 제조회사를 설립했다. 회사는 크게 성장했고, 현재 세계 40여 개 나라에 지사를 세우고 일약 글로벌 기업으로 발돋움했다. 그는 한 인터뷰에서 이렇게 말했다.

"강도를 네 번 만난 것이 내게는 행운이었다. 만약 강도를 만나지 않았더라면 나는 지금도 칼을 들고 고기를 자르고 있을 것이다."

결핍에서 강점을 이끌어낸 리더들

우리는 성공하려면 장점이 많아야 한다고 생각한다. 그래서 자신을 돌아보고 남보다 뛰어난 점이 없는 것 같으면 지레 실망하고 큰 꿈을 가질 엄두를 못 내기도 한다. 하지만 뛰어난 리더들 중에는 남보다 잘난 점이 아니라 남보다 못하고 부족한 점 덕택에 리더가 된 사람들이 많았다. 흔히 좋은 것이 넘쳐나는 사람은 자신이 가진 자원을 관리하는 데 느슨해진다. 낭비하거나 방치하기도 쉽다. 그러나 어딘가 부족한 것이 있는 사람은 부족함을 메우기 위해 끊임없이 고민하고 노력한다.

일본에서 '경영의 신'으로 추앙받는 마쓰시타 전기산업의 창업자, 마쓰시타 고노스케松下幸之助는 자신의 성공 비결에 대해 이렇게 말했다. "하늘의 은혜를 입어 난 다행스럽게 가난한 집에서 태어났고, 허약한 몸을 지녔고, 배우지 못했다. 가난한 집에서 태어난 덕분에 부지런히 일하지 않을 수 없었으며, 허약하게 태어난 덕분에 건강의 소중함도 일찍 깨달았다. 몸을 아끼고 건강에 힘써 지금 아흔 살이 넘었는데도 겨울철에 냉수마찰을 할 정도로 30대 못지않은 건강을 유지하고 있다. 가난 때문에 초등학교 4년밖에 학교를 다니지 못했지만, 그 덕분에 내가 만나는 모든 사람들을 나의 스승으로 받들고 살아있는 지식과 지혜를 얻을 수 있었다. 남들은 나의 지난 생을 보고 시련이었다고 말하지만, 나는 하늘이 나를 이만큼 성장시키기 위해 은혜를 베푼 것이라 생각하고 오늘도 감사하며 살고 있다."

사람들이 불행이라 일컫는 일들 중에서도 손에 꼽히는 것이 가난한 것, 건강치 못한 것, 공부할 기회를 놓친 것이다. 그런데 세상의 불행을 전부 갖고 태어난 것 같아 보이는 마쓰시타 회장은 오히려 이를 하늘의 은혜라 여기고 살았고, 커다란 성공을 거둔 것이다. 부족함은 어떤 이에게는 실패의 핑계거리가 되지만 어떤 이에게는 성공의 원인이 되기도 한다. 부족함 때문에 실패했다는 표현을 쓰게 될 것인지, 부족함 덕분에 성공했다는 표현을 쓰게 될 것인지는 온전히 스스로의 선택에 달렸다.

유대인의 성공 비결 중 하나는 자신들의 자산 중 무엇이 부족한지, 어떻게 그것을 메워야 할지 안다는 것이었다. 유대인들은 영토도 국가도 없이 핍박받으며 전 세계에 뿔뿔이 흩어졌던 역사를 가지고 있다. 그러나 오늘날 세계적으로 눈에 띄는 리더들 중에는 유대인이 놀랄 만큼 많다. 헤츠키 아리엘리Hezki Arieli 글로벌 엑셀런스 회장은 "유대인은 부족함을 최고의 선물로 삼아 유일한 자원인 두뇌 계발을 위한 교육에 집중 투자하여 오늘의 성공을 일구었다."고 했다.

하늘은 스스로 돕는 자를 돕는다고 하였다. 우리는 지금 어떤 모습으로 살아가고 있는가? 나도 부잣집에서 태어났더라면, 내 몸이 조금만 더 건강했더라면, 내가 머리가 조금만 더 좋았어도, 하면서 나태하고 게으른 삶에 대한 핑계거리를 찾는데 인생을 소비하고 있지는 않은가?

절실함이 창조성을 키운다

사람은 시련이 닥치면 절실해진다. 그 절실함은 우리에게 일어설 힘을 안겨주며, 잠재능력을 일깨운다. 시련을 이겨내려고 남보다 더 노력하면 그만큼 긍정적인 발전을 하게 되고, 어려움에 지지 않으려고 불굴의 정신력을 발휘하다 보면 자신의 힘과 능력보다 몇 십 배 더 능력을 발휘하게 된다. 문제를 해결하기 위해 발버둥친 결과 이전에 하지 못했던 새로운 발상의 전환을 해낼 수 있다. 아이러니하게도 걸림돌 같아보이던 장애가 더 큰 에너지를 불러내는 것이다.

실패는 나의 힘이라 외치며 위기를 기회로 만드는 사람일수록 창조적인 리더가 될 가능성이 높다. 이들은 콤플렉스마저도 성공으로 이끄는 힘으로 활용한다. 부족함을 메우려고 지속적으로 노력하여 쌓은 내공은 자신의 무한한 잠재능력을 거세게 흔들어 발휘하게 한다.

시련을 기회로 만드는 구체적인 방법을 다룬《플립사이드》의 저자 아담 J. 잭슨Adam J. Jackson은 8살 때부터 심각한 피부염으로 고생했지만 그 경험을 바탕으로 유명 동기부여 강사가 되었다. 그는 누구나 자신의 삶에서 문제점을 하나쯤은 가지고 있다고 말한다. 하지만 대다수가 이 문제점이 또 다른 기회이자 성장할 수 있는 발판이 된다는 것을 깨닫지 못하고 절망한다. 모든 문제 속에는 항상 그 문제를 완전히 뒤집을 수 있는 크고 작은 기회가 숨겨져 있다. 기회들은 문제가 주는 고통의 크기와 비례할 수도, 그보다 훨씬 더 클 수도 있다. 이 세상의 거의 모든 성공 스토리는 문제나 장애를 똑바로 인식하고, 기회로 바꾼 사람들에 의해 창조되었다고 해도 과언이 아니다. 장애나 시련, 그리고 문제는 그들의 성공 스토리에 절대적으로 필요한 소재인 것이다.

세상에서 가장 가치 있는 것들은 대개 고난이라는 포장지로 싸여 있으며, 모든 불행과 고통은 그것이 끝났을 때 그전보다 우리를 더 강하게 만들어놓고 떠난다. 아담 J. 잭슨은 긍정적 마인드와 자신감을 갖고 앞을 내다보는 사람은 문제 속에 숨어 있는 기회를 발견할 수 있다고 했다. 그저 고통받으며 기다린다고 기회가 저절로 쥐어지는 것은 아니다. 문제를 진정한 기회로 만들기 위해서는 발상을 전환하여 상황을 해결할 수 있다는 적극성과 긍정성이 필요하다. 이는 창조성으로 이어진다.

서울특수가발 대표 장만국 사장의 집안은 대대로 대머리였다. 탈모가 주는 스트레스와 심적 고통은 나이가 들수록 점점 심해졌다. 대머리가 아닌 사람들이야 대머리가 뭐 그리 큰 아픔을 주느냐고 하겠지만, 머리가 벗겨진 사람들은 사회생활을 하면서 남들은 공감하지 못하는 스트레스를 이루 말할 수 없이 받는다. 실제 나이보다 10년은 더 늙어 보이는 외모가 사회생활도 어렵게 만들고, 자신감마저 잃게 한다. 장 사장은 탈모로 인한 고통이 일상에 지장을 주는 것을 깨닫자 가발을 연구하기 시작했다. 스스로 가장 편안하게 착용할 수 있는 가발을 만들어서 형제들과 함께 쓰고 다녔다. 그렇게 25년 이상을 특수가발 연구 개발에 몸 바친 결과 그는 이 분야의 대표적인 장인으로 인정받아 모발중앙회로부터 첫 인증서를 받았다. 나아가 서울특수가발이라는 회사를 창업하여 현재 국내 굴지의 가발 회사 대표로 성장하기까지 했다. 그는 자신과 가족의 아픔을 역으로 사업적 장점으로 바꾼 탁월한 CEO였다.

성공의 기회는 우리 곁에 널려 있다. 그렇다고 아무나 기회를 잡지는 못한다. 기회는 끊임없이 생각하고, 고민하고, 간절하게 준비하는 사람에게만 모습을 드러낸다. 따라서 기회를 잡으려면 미리 준비를 하고 있어야 한다. 간절한 바람과 꾸준한 준비는 기회와 연결된 끈이다. 기회는 붙잡을 수 있는 사람에게, 붙잡을 준비가 되어 있는 사람에게 더 자주 온다. 실패를 두려워하는 사람은 좋은 기회가 주어져도 두려움과 주변의 시선을 이겨내지 못하고 핑계거리를 찾는다. 반면 탁월한 리더는 모든 시련과 장애, 어려움 속에서 기회를 찾아낸다.

누구에게나, 언제라도 시련은 닥칠 수 있다. 그것을 어떻게 이겨내느냐, 언제 이겨내느냐가 중요하다. 지금 시련이 닥쳤다면 그 시련의 크기에 대해 고민하지 말고, 그 시련을 이겨냈을 때 성공한 자신의 모습을 먼저 상상해보라. 그러면 그 어떤 시련도 이겨낼 힘이 생기게 될 것이다.

거듭 말하지만 그동안 리더십 강의를 해오면서 만난 대부분의 리더들은 자신의 약점과 아픔, 시련과 실패를 극복한 사람들이었다. 한 부분에서의 장애나 결핍은 다른 요소에서는 장점일 수 있다. 좌절하거나 포기한다 해서 괴로움이 줄어들거나 없어지지 않는다. 어려움의 크기나 무게는 오히려 더 커질 수 있다. 그럴 바에는 차라리 마쓰시타 회장처럼 '시련은 나를 더욱 성장시키는 은혜'라고 생각하고 이겨내기 위한 노력을 하는 게 더 낫지 않을까? 그 노력을 통해 그동안 나도 몰랐던 내 잠재능력을 발휘할 수만 있다면 내 삶의 가치는 오히려 전보다 높아질 수 있다.

시련과 실패가
우리를 남금질한다

시련과 실패는 성공의 디딤돌이다

절망에 빠진 한 젊은이가 성당에 가서 나이 든 신부에게 고백했다. "저는 인생의 실패자입니다. 저는 제가 해야겠다고 마음먹은 것의 절반도 성취하지 못했습니다. 제게 힘이 되는 말씀을 해주세요."

신부는 한참 생각하더니 말했다.

"젊은이, 뉴욕타임스 1970년판 연감의 930페이지를 펴보시게. 그곳에서 마음의 평화를 얻을 수 있을 것이네."

젊은이는 그 길로 도서관에 가서 연감을 찾았다. 그 페이지에는 미국의 프로야구 역사상 가장 훌륭한 선수로 평가받는 타이 콥^{Ty} ^{Cobb}의 연간 타율이 평균 3할 6푼 7리라는 기사가 실려 있었다. 그는 노신부에게 돌아와서 다시 물었다.

"타이 콥의 타율이 0.367이라는 기사밖에 없던데요?"

그러자 노신부가 무릎을 탁 쳤다.

"타이 콥은 타석에 세 번 서서 한 번 밖에 안타를 치지 못했어. 그 런데도 가장 훌륭한 선수로 인정받고 있지. 그러니 젊은이의 절반의 성취는 대단한 것이지 않아?"

미국 메이저리그를 대표하는 홈런왕, 베이브 루스Babe Ruth는 삼진 아웃을 가장 많이 당한 삼진왕이기도 하다. 베이브 루스는 삼진을 아무리 많이 당하더라도 홈런을 치고야 말겠다는 열정과 의지 덕에 홈런왕에 등극한 것이다. 삼진 당하는 것을 두려워했다면 배트를 짧 게 잡고 공을 맞추려 했을 것이고, 그러면 안타는 칠 수 있을지언정 풀스윙을 할 순 없었을 것이다. 이와 관련하여 베이브 루스는 한 언 론 인터뷰에서 이렇게 말했다.

"감독이 나를 4번 타자로 계속 기용한 이유는 안타를 치라는 것이 아니라 삼진을 당하더라도 홈런 한 방을 날리라는 바람에서다. 타석 에 들어설 때마다 삼진을 두려워하지 않고 홈런을 치기 위해 풀스윙 을 하다 보니 홈런왕에 오를 수 있었다."

베이브 루스는 삼진왕이면서 홈런왕이었지만 사람들은 그를 불 멸의 홈런왕으로만 기억한다.

우리의 인생도 마찬가지다. 실패를 두려워하면 성공과 영광의 열 매를 딸 수 없다. 실패와 시련을 결코 두려워하지 않는 열정과 의지,

도전과 실천이 마침내 성공을 가져온다. 그것은 성공의 열정을 촉발하는 확실한 터닝 포인트이자, 성공의 디딤돌이다.

메추리, 닭, 독수리, 공룡의 알 가운데 어느 알이 가장 부화하기 어려울까? 상식적으로는 공룡 알 껍질이 가장 단단할 테니 공룡이 가장 부화하기 어려울 것 같지만, 사실 각자 알을 깨고 나올 때 느끼는 힘의 크기는 모두 같다고 한다. 한 생명이 탄생하려면 반드시 스스로 깨고 나오려는 의지와 힘이 있어야 하는 것이다. 그 의지와 힘은 알을 깨고 나와서도 세상이 주는 시련을 이겨내는 힘으로 작용한다. 스스로의 힘으로 나오면 병아리가 되지만 남의 힘으로 나오면 계란 프라이가 되는 것이다.

'닥터 러브'라는 애칭을 가진 미국의 교육학자 레오 버스카글리아 Leo Buscaglia는 "산다는 것은 죽는 위험을 감수하는 일이며, 희망을 가진다는 것은 절망의 위험을 무릅쓰는 일이고, 시도해본다는 것은 실패의 위험을 감수하는 일이다. 그러나 모험은 받아들여져야 한다. 왜냐하면 인생에서 가장 큰 위험은 아무것도 감수하지 않는 것이기 때문이다."라고 했다. 누에고치에서 빠져나오지 못하고 버둥거리는 나비가 안쓰럽다 해서 고치 구멍을 손으로 넓혀주면 그 나비는 세상에 적응하지 못하고 죽고 만다. 사람도 스스로 실패와 역경을 이겨내며 성장해야 아름답게 성공할 수 있다. 인생에서 중요한 것은 쓰러지느냐 안 쓰러지느냐가 아니라, 쓰러졌을 때 다시 일어서느냐 그대로 주저앉느냐 하는 것이다.

시련 극복으로 가치를 증명하라

갑자기 날씨가 쌀쌀해진 어느 늦가을, 밖에서 기르던 화분들이 조금 염려되어 그 가운데 애지중지 아끼던 화분 두 개만을 아파트 베란다에 들여놓았다. 며칠 후, 날씨가 좀 따뜻해지자 다시 밖으로 내놓았다. 이렇게 날씨가 쌀쌀해지면 들여놓고 좀 온화해지면 밖에 내놓기를 몇 차례 하였다. 그 후, 겨울이 와서 밖에서 기르던 화분을 전부 베란다에 옮겼다. 그런데 유독 애지중지 돌본 화분들만 겨울을 나지 못하고 얼어 죽었다. 춥다고 화분을 거실에 놓아두었더니 오히려 꽃들이 추위에 약해졌던 것이다. 그렇게 아끼던 화분을 버리면서 너무 아껴주어도 화가 됨을 깨닫게 되었다. 과보호하면 스스로 성장할 힘을 기르지 못한다. 오히려 시련이 나를 더 강하게 만든다.

무거운 장애를 극복하고 작가이자 사회사업가로 성장한 헬렌 켈러Helen Keller는 "쉽고 편안한 환경에서는 강한 인간이 만들어지지 않는다. 시련과 고통의 경험을 통해서만 강한 영혼이 탄생하고, 통찰력이 생기고, 일에 대한 영감이 떠오르며 마침내 성공할 수 있다."라고 했으며, 스위스의 사상가이자 법률가 카를 힐티Carl Hilty는 "위대한 사상은 반드시 커다란 고통이라는 밭을 갈아서 이루어진다. 갈지 않고 그냥 둔 밭은 잡초만이 무성할 뿐이다. 사람도 고통을 겪지 않고서는 언제까지나 평범함과 천박함에서 벗어나지 못한다. 모든 고통은 차라리 인생의 벗이다."라고 했다.

일본에서 와세다대학을 수석으로 졸업한 한 청년이 중견기업 입사

시험에서 떨어지자 자살한 사건이 있었다. 초등학교부터 대학교까지 수석 입학과 수석 졸업을 도맡아 하던 청년이었다. 집안의 기대를 한 몸에 받던 청년의 죽음에 가족은 큰 슬픔에 빠졌다. 그의 실력을 잘 알고 있던 청년의 작은아버지는, 대기업도 아닌 중견기업 입사시험에서 낙방했다는 사실을 도저히 믿을 수가 없었다. 그래서 해당 중견기업을 방문하여 조카가 왜 입사시험에서 떨어졌는지 문의했다.

인사부의 협조로 청년의 답안지를 재검토한 결과 엄청난 문제가 발견되었다. 그 청년의 OMR 카드는 만점이었다. 수석 합격인 것이다. 다만 컴퓨터 채점 과정에서 명령어가 잘못 입력되어 불합격 처리가 된 것이었다. 정말 억울한 죽음이었다. 그 기업의 인사부장은 자신의 실수에 대하여 책임을 지기 위해 사장에게 사직서를 제출했다. 사직 사유에 대한 설명을 들은 사장은 인사부장을 물끄러미 바라보다 끌어안았다.

"자네가 우리 회사를 살렸네."

"예?"

인사부장이 당황하자 사장이 말을 이었다.

"컴퓨터 오류가 없었다면 그 청년이 수석으로 합격했을 것이네. 물론 우리 회사의 핵심 부서에 배치되었을 테고, 우수한 인재이므로 얼마 지나지 않아 중요 임원의 위치에 오르게 되었겠지. 그러나 이 사회는 전쟁터에 비유될 만큼 치열한 곳이네. 회사의 미래를 책임져야 할 사람이 시험 한 번 떨어졌다고 자살할 만큼 나약한 사고를 가졌다면, 난 사양하겠네. 그렇게 심신이 유약해서야 더 크고 심각한 의사결정은 어떻게 하겠나. 그 청년의 죽음은 애석한 일이지만, 결과적으로 우리 회사를 자네가 살린 것이야.”

“개 풀 뜯어 먹는 소리 하고 있네!”라는 말이 있다. 이치에 맞지 않는 말을 하는 상대방에게 쓰는 표현이다. 그만큼 개가 풀을 먹는 일은 흔치 않다는 얘기다. 그러나 간혹 개가 풀을 뜯어 먹을 때가 있다. 바로 몸이 아플 때다. 개는 몸이 아프면 치료에 도움이 되는 풀을 스스로 찾아서 뜯어 먹는다. 자신을 지키기 위해 안 먹던 풀까지 뜯어 먹으며 살려고 애쓰는 것이다. 짐승도 살기 위해선 습관을 바꾸는데, 시험성적이 좀 떨어졌다고, 입시에 떨어졌다고, 취업에 실패했다고, 사업이 부도가 났다고, 살기가 힘들다고 생명을 내던져서야 되겠는가? 이것이야말로 우리 삶을 가장 큰 실패로 만드는 행위다.

우리는 수천 도의 고온을 견디고 나서야 비로소 예쁜 그릇으로 탄생하는 도자기와 같다. 고통스러운 실패와 험난한 시련이 스스로를 단련시키고 더욱 옹골찬 인간으로 성장하게 한다. 편안한 삶에서는 성장할 수 없다. 삶이 편안하면 방심하게 되고, 방심하면 안주하고 방탕해지며 나태해진다. 잔잔한 바다는 결코 훌륭한 선장을 만들지 못하며, 거친 파도가 탁월한 선장을 만든다. 온실 속 화초보다 온갖 위험 속에 자란 야생초가 더 강인하고 생명력이 질기다.

모든 성공의 이면에는 상처와 실패, 시련과 역경이 있다. 어쩌면 기회는 시련이나 실패의 모습으로 우리에게 가까이 다가오는지도 모른다. 많은 아픔을 주는 만큼 나를 더 단단하게 만들고, 삶에서 좋은 결실을 이루게 해주는 기회일 수 있다. 그러나 많은 사람이 그 아픔을 견디지 못하거나 자신의 능력을 믿지 못하고 성공의 문턱에서 포기해버린다. 이 세상에서 사람들에게 주어지는 고통과 시련은 딱 그 사람이 견딜 만큼의 크기라고 한다. 우리는 그것들을 이겨냄으로써 스스로의 존재 가치를 확인할 수 있고, 앞으로 무슨 일이 닥치더라도 강하게 대처할 수 있게 되며, 지속가능한 성장 발전을 이루게 된다. 시련은 곧 기회이다.

포기하지 마라!

세 차례나 영국의 총리를 역임했고 지금도 영국인들에게 뛰어난 정치가이자 위대한 영국인의 한 사람으로 꼽히는 윈스턴 처칠Sir Winston Leonard Spencer-Churchill이 총리 재임 시절 옥스퍼드 대학 졸업생들에게 축사를 하기 위해 졸업식장을 찾았다. 처칠은 우레와 같은 박수를 받으며 연단에 올랐다. 학생들은 숨소리를 죽이고 그의 연설을 기다렸다.

"포기하지 마라!"

처칠은 첫마디를 큰 목소리로 외친 후, 잠시 뜸을 들였다가 다시 외쳤다.

"포기하지 마라!"

그리고 그는 그대로 연단을 걸어 내려갔다.

단 두 문장으로 이루어진 이 짧은 연설은 역사에 남는 명연설이자 윈스턴 처칠을 대표하는 가장 훌륭한 연설이 되었다.

네버 기브 업Never give up. 영국 최고의 재원들의 졸업에 축사를 하러 방문한 자리에서 이 말만을 남기고 떠날 수 있었던 것은, 젊은이들이 끝까지 포기하지 않는다면 반드시 성공할 수 있고, 그 외 다른 어떤 말도 필요하지 않다는 확신이 있었기 때문이었을 것이다. 또한 어떤 어려움이 닥치더라도 젊은이들에게 그 고통과 시련을 이겨낼 힘이 있다고 믿었기에 결코 포기하지 말라고 단호하게 외칠 수 있었을 것이다.

무수한 발명품을 만들어낸 토머스 에디슨도, 전구 하나를 발명하기 위해 무려 2,000번이 넘는 실패를 겪어야 했다. 그는 수많은 시행착오를 겪은 후 마침내 전구를 발명하여 세상에 가득한 빛을 안겨주었다. 한 기자가 "실패를 거듭하는 동안 포기할 생각은 하지 않았습니까?"라는 질문을 하자, 에디슨은 단호한 어조로 이렇게 대답했다고 한다. "실패라뇨. 전 단지 2,000번의 과정을 거쳤을 뿐입니다."

그런 그가 노년이 되었을 때, 그가 필생의 노력을 기울여 성장시킨 공장 겸 연구소에 불이 났다. 그 안에 쌓인 수많은 연구 결과도 전부 불타버렸다. 화재 소식을 듣고 달려온 에디슨은 바람을 타고 공장을 유유히 태우고 있는 불길을 그저 바라만 볼 수밖에 없었다. 그때 에디슨의 나이 67세였다. 남들의 눈에는 그 화재가 재기불능의 재난처럼 보였다. 그러나 다음날 아침, 에디슨은 잿더미로 변한 공장을 둘러보면서 이렇게 말했다.

"지금까지 우리가 저지른 모든 시행착오와 실패들이 완전히 불타서 사라졌다. 이제 우리는 그런 실패들을 가지지 않고 다시 시작한다."

이로부터 3주일 후, 에디슨은 축음기를 만드는 데 성공한다. 그 어떤 경우에도 절망하지 않고 포기하지 않았던 에디슨이었다. 그는 무엇인가를 포기할 때가 사실은 성공의 문턱 바로 앞이었을 때가 많다고 생각했다. 실패란 바로 그런 것이다.

일본의 자동차 제조회사 혼다의 창업자, 혼다 소이치로本田宗一郎 역시 도전하여 실패하는 것보다 아무것도 하지 않는 것을 두려워해야 한다고 말했다. 세상 사람들은 그를 성공한 사람이라고 했지만 그 자신만은 그 말에 동의하지 않았다. 그가 한 일의 99%는 실패였고 성공은 겨우 1%에 지나지 않았다는 것이다.

끝없는 실패가 계속되고, 행복으로 가는 문이 눈앞에서 단단하게 잠겨 있는 것 같더라도, 그 문을 열 열쇠가 무엇인지 모른다 하더라도, 결코 섣불리 포기하고 돌아서지 말자. 내가 가진 열쇠를 총동원하여 끊임없이 도전하고 시도하자. 내 열쇠꾸러미에 묶여 있는 많은 열쇠 중 맨 마지막에 남은 열쇠가 행복의 문을 열어줄 수도 있다. 몇 번 시도하다 포기했는데, 알고 보니 다음 열쇠가 맞는 것이었다면 얼마나 억울하겠는가. 성공하는 사람의 비결은 오직 하나다. 성공할 때까지 포기하지 않는 것이다. 실패한 사람들 역시 성공을 하기 전에 포기하였기 때문에 실패자가 된 것일 뿐이다. 그들 중에는 성공을 목전에 두고도 알지 못한 채 포기한 이들이 다수일 것이다.

물 한 방울은 극히 적다. 그러나 물이 가득 찬 잔을 흘러넘치게 하기 위해 필요한 물은 딱 한 방울이다. 행복과 성공의 축배를 들고 싶다면 마지막 순간까지 땀 한 방울을 떨어뜨리기 위해 최선을 다해야 한다. 절대 포기해선 안 된다. 굳건한 신념을 갖고 전진하자.

시련 극복 리더십의 아이콘

계속된 고난과 시련 속에서도 결코 좌절하거나 포기하지 않고, 실패를 긍정적으로 이겨낸 리더들은 동서고금에 수없이 많다. 이들의 삶의 태도는 아무리 시간이 흘러도 빛을 잃지 않고 오늘을 사는 우리, 미래의 리더를 꿈꾸는 우리, 혹시라도 좌절하고 있는 우리에게 많은 가르침을 준다. 시련 극복의 아이콘과 같은 리더들을 살펴보고 나의 롤모델을 찾아보자.

이순신 장군은 23번의 전투에서 23번 모두 승리하여 나라를 구하고 세계 해군 전쟁사에서 전무후무한 전설이 되었다. 그는 좌절하고 포기하면서 어떻게든 스스로를 합리화하려는 우리에게 그의 삶을 통해 다섯 가지 조언을 던진다.

첫째, 머리가 나쁘다고 말하지 말라. 그는 첫 시험에서 부터 낙방하였으며, 서른둘의 늦은 나이에서야 겨우 과거에 급제했다.

둘째, 좋은 자리가 아니라고 불평하지 말라. 그는 14년 동안 변방 오지의 말단 장교로 돌았다.

셋째, 기회가 주어지지 않는다고 불평하지 말라. 그는 스스로 논밭을 갈아 군자금을 만들었고 스물세 번을 싸워 스물세 번을 이겼다.

넷째, 윗사람이 알아주지 않는다고 불평불만을 갖지 말라. 그는 당파싸움만 일삼던 간신들의 모함, 그리고 임금의 끊임없는 오해와 의심으로 모든 공을 뺏긴 채 옥살이를 해야 했다.

다섯째, 자본이 없다고 포기하지 말라. 그는 빈손으로 돌아온 전쟁터에서 열두 척의 배로 133척의 적을 물리쳤다.

징기스칸이 전투에서 크게 패퇴하여, 간신히 목숨만을 부지한 채 어느 동굴 속에 피신해 있을 때였다. 처량한 신세가 된 징기스칸이 이 위기를 어떻게 헤쳐 나갈 것인지 고민하는데, 마침 땅바닥에서 개미 한 마리가 자신의 몸집보다 몇 배나 큰 먹이를 끌고 돌멩이 하나를 넘어가려 하고 있었다. 개미는 돌을 넘어가려다가 큰 먹이 때문에 계속 굴러 떨어졌다. 그럼에도 포기하지 않고 다시 먹이를 물고 돌을 기어오르기를 반복했다. 드디어 돌을 넘어간 개미가 도전한 횟수를 세어보니 일흔한 번이었다.

징기스칸은 정신이 반짝 들었다. 개미도 저렇게 끊임없이 도전하는데 이대로 좌절하고 있을 때가 아니라는 것을 느꼈다. 개미의 불굴의 용기와 의지 덕분에 용기를 얻은 그는 천신만고 끝에 적의 포위망을 뚫고 진영으로 귀환하였다. 그리고 다시 군사를 일으켜 세계에서 가장 넓은 땅을 정복했다. 인생에서 가장 큰 시련을 맞았을 때 얻은 깨달음으로 역사상 가장 큰 나라를 세우는 초석을 다지게 된 것이다. 죽음을 넘나들며 비로소 세계를 정복한 징기스칸 역시 틈만 나면 변명을 일삼고 남 탓만을 하는 세상을 향해 자신의 인생을 통해 가르침을 주고 있다.

첫째, 집안이 나쁘다고 탓하지 마라. 그는 아홉 살 때 아버지를 잃고 마을에서 쫓겨났다.

둘째, 가난하다고 탓하지 말라. 그는 들쥐를 잡아먹으며 연명했고 목숨을 건 전쟁이 직업이었고 일이었다.

셋째, 작은 나라에서 태어났다고 말하지 말라. 그는 그림자 말고는 친구도 없었고 병사는 10만뿐이었다. 백성은 어린애, 노인까지 합쳐 200만도 되지 않았다.

넷째, 배우지 못했다고 말하지 말라. 그는 자기 이름도 쓸 줄 몰랐으나 남의 말에 귀 기울이면서 현명해지는 법을 배웠다.

다섯째, 도저히 방법이 없으니 포기해야겠다고 말하지 말라. 그는 목에 칼을 쓰고도 탈출을 했고 뺨에 화살을 맞고 죽어가다 살아나기도 했다.

시련에 맞서는 사람이 그것을 극복하기 위해 초인적인 능력을 발휘하면 위대한 리더로 다시 태어나 성공과 행복을 쟁취하게 되는 것이다.

"만약 그대가 좌절감에 사로잡혀 있다면 에이브러햄 링컨의 삶을 바라보십시오."

1980년 2월, 미국의 공익광고에 이런 문구가 등장했다. 링컨은 초등학교를 9개월밖에 다니지 못했다. 두 번이나 사업을 실패하여 파산했다. 17년이나 빚을 갚아야 했다. 24세 때 주의원에 출마하여 낙선했으며, 32세에 대통령 선거위원에 출마하여 낙선했다. 그리고 36세 때는 하원의원에 공천 탈락했다. 47세에는 상원의원, 48세에는 부통령, 50세에 상원의원에서도 낙선하는 등 낙선의 대명사였다. 거기다 10살 때 어머니를 잃고, 20살에는 누이 사라, 27살에는 약혼녀 앤, 42살과 52살에는 각각 아들 에드워드와 윌리엄을 잃는 아픔을 겪었다.

이 기록만 보면 링컨의 인생은 정치가로서도 사업가로서도 가정에서도 아주 실패한 것처럼 보인다. 그러나 그는 시련을 당하여 넘어질 때마다 오뚝이처럼 잽싸게 일어섰다. 선거에서 낙선했다는 소식을 들을 때마다 그는 이발소에 먼저 달려가 머리를 더욱 단정하게 손질하여 실패한 사람이란 인상을 주지 않도록 하였다. 또한 낙선과 실패를 거듭하면서도 평소보다 더 매사에 열중했다. 수많은 실패와 시련 속에서도 결코 좌절하지 않고 불굴의 의지로 보란 듯이 다시 일어섰다. 결국 현재 링컨은 역사상 가장 존경받는 대통령, 위대한 대통령으로 기억되고 있다.

토마스 에디슨은 어린 시절 학교 수업에 도무지 집중하지 못했고, 이 때문에 선생님들로부터 골칫덩이나 머리 나쁜 아이 취급을 받곤

했다. 어떤 선생님으로부터는 너무 멍청해서 아무 것도 배우지 못한다는 평가를 받았다. 그러나 그는 세상에 열심히 일하는 것을 넘어설 수 있는 것은 없다며 쉼 없이 노력했다. 현재에 만족하지 않는 태도로 실패를 친구로 삼던 그는, 전구를 비롯하여 1,000여 가지 발명품을 만든 역사상 가장 위대한 천재 발명가가 되었다.

타의 추종을 불허하는 위대한 과학자, 알버트 아인슈타인 역시 뛰어난 두뇌에도 불구하고 학창시절에는 좋은 평가를 받지 못했다. 라틴어와 그리스어 같은 언어 과목에서 숱한 낙제점을 받았으며, 독일식의 딱딱한 수업 분위기에도 잘 적응하지 못해 결국 학교를 그만두고 말았다. 중등학교를 졸업하지 못했으므로 독일의 대학에도 진학할 수 없어 스위스의 대학에 가야 했다. 그러나 아인슈타인은 절대적인 진리와 인식의 한계를 뛰어 넘는 상대성 이론을 발견한 세계적인 물리학자가 되었으며 노벨 물리학상을 수상했다. 가치 있는 과학 연구로 인류공영에 이바지한 아인슈타인은 "나는 똑똑한 것이 아니라 단지 문제를 더 오래 연구할 뿐"이라며, 성공한 사람보다는 가치 있는 사람이 되어야 한다는 말을 남기기도 했다.

《모자 쓴 고양이》,《그린치는 어떻게 크리스마스를 훔쳤을까》등으로 유명한 미국의 인기 동화작가 닥터 수스Dr. Seuss는 첫 번째 책 원고를 27개의 출판사로부터 거절당했다. 그러나 훗날 그가 낸 동화책들은 전 세계에서 수억 권이 팔리며 대성공을 거두었고 칼데콧상과 퓰리처상도 수상하였다. 그는 지금도 사람들에게 '20세기 안데

르센'이라 불렸을 정도로 최고의 작가로 기억되고 있다.

지금까지 소개한 이들뿐 아니라, 우리가 알고 있는 위대한 리더 대부분이 커다란 역경이나 불행한 환경을 극복하며 성장했다. 당신이 종사하는 분야에서 성공한 리더들을 찾아 그들의 삶을 한번 살펴보라. 닥쳐온 시련이나 좋지 않은 환경에 얽매이지 않고 적극적으로 극복한 끝에 성공을 거머쥔 사람이 대부분일 것이다. 행복과 성공은 타고 나는 것이 아니라 끊임없이 노력하는 사람의 것이다.

실패를 수용하는
우분투 사회

실리콘밸리의 저력

실패의 경험과 실패를 두려워하지 않는 용기가 소중한 자산이 된다고 외치는 대표적인 곳이 바로 실리콘밸리다. 실패를 용인하는 실리콘밸리의 문화는 실리콘밸리를 세계 최고의 성공신화 창조 기지로 만들었다. 실리콘밸리는 벤처기업에게는 기회의 땅이자 세계 첨단산업의 메카이다.

지금의 실리콘밸리를 있게 한 원인은 여러 가지를 꼽을 수 있겠지만 그중 중요한 것이 실리콘밸리 고유의 벤처기업 지원 시스템이다. 자치단체와 창업 전문가, 대학 관계자, 마케팅 전문가, 실리콘밸리 선도 기업 관계자, 벤처캐피탈, 지역 사회단체 리더 등 분야를 망라

한 이들이 그룹을 만들어 체계적으로 벤처사업가들을 지원한다. 창업은 물론, 창업 후 기업 운영이나 마케팅에 있어서까지 전반적인 도움을 준다. 실패한 사업자에게 새로운 기회를 주어 기업을 회생시키는 시스템도 구축했다. 실리콘밸리의 무수한 젊은 벤처기업들이 이러한 '백그라운드 그룹'의 지원·협력으로 창업을 할 수 있었고 그 협력 아래 다국적 기업으로 성장했다. 그래서 지금도 무한한 잠재능력을 가진 창업자들이 이곳으로 몰려들고 있다. 이러한 지원 시스템이 실리콘밸리를 세계 최고의 벤처 창업 밸리이자 첨단기술의 산실로 만든 것이다.

창업 아이디어와 열정을 갖고 있는 사람이면 국적을 불문하고 누구나 지원 신청을 할 수 있다. 지원자는 자신만의 창업 아이디어 및 사업계획에 대하여 직접 설명할 수 있도록, 그룹의 전문가와 관계자가 참관한 가운데 창업 프레젠테이션의 기회를 얻는다. 그 프레젠테이션에서 질의 응답과 토론을 거쳐 성공가능성이 있다고 평가받은 지원 대상자를 선발하는데, 선발된 인원을 다시 2차, 3차 프레젠테이션을 통해 추려낸다. 총 3번의 프레젠테이션을 통해 전문가의 아이디어 컨설팅, 시장 현황 정보와 홍보전략 등 마케팅 조언이 제공되며, 이러한 과정을 거쳐 최종 선정된 사업자에게는 전문가 코칭과 창업자금 등 창업에 필요한 모든 것이 아낌없이 지원된다.

지원을 받은 벤처기업들이 모두 다 성공하는 것은 아니지만, 성과는 뚜렷하다. 일반 벤처기업이 강소기업으로 성장하는 비율은 대략

3% 정도이지만, 백그라운드 그룹에 의해 선정되어 지속적인 마케팅 지원을 받으며 창업한 벤처기업은 강소기업으로의 성장률이 무려 15%에 이른다. 그 가운데 다국적 기업으로 발돋움하는 기업들도 매년 3~4개 업체에 이른다고 한다. 그만큼 실리콘밸리의 창업지원 시스템의 존재 가치는 충분하다.

특히 실패한 기업에 다시 회생 기회를 주는 관리 시스템은 세계 그 어느 기업보다 인상적이며 탁월하다. 아무리 철저한 검증과 컨설팅, 마케팅 지원을 받아 창업한 벤처기업일지라도 예상 외로 시장에서 반응이 없는 경우가 있다. 예를 들어 IT 관련 벤처기업의 경우, 시장 반응 가능성을 6개월로 판단하기 때문에 6개월 내에 시장에서 상품의 반응이 없는 경우 실패한 상품으로 규정한다. 이처럼 벤처기업의 아이디어 상품이 자생적으로 시장성을 키우지 못할 것이라 판단되면, 그룹은 CEO와 다른 아이디어 상품을 개발하여 상품화시킬 수 있는지 여부를 협의한다.

다른 아이디어 상품 개발이 가능하다면 처음 창업할 때와 마찬가지로 새로운 아이디어 상품에 대한 프레젠테이션을 다시 준비하도록 권유한다. 그리고 또다시 새로운 상품에 대한 프레젠테이션을 거친다. 상품화시키기에 적정한 아이디어 제품이라고 판단하면 그 벤처기업에 기회를 재차 주어 처음처럼 컨설팅, 시장조사, 홍보 등 마케팅 및 자금을 지원한다. 첫 아이디어 상품으로 실패했던 벤처기업이 재차 강소기업으로 재생할 수 있도록 기회를 주고 도와준다.

물론, 처음 창업할 때 지원해준 모든 것은 백지 상태가 된다. 투자 지원금과 손실 모두 그룹이 직접 떠안는다. 이를 통해 벤처기업 CEO가 실패와 부채로 인해 좌절하지 않고 제로 베이스에서 새로운 마음으로, 새로운 상품에 전력을 다할 수 있도록 도와준다. CEO와 상품을 믿고 또다시 막대한 지원을 해줌으로써 구체적이고 직접적으로 벤처기업의 재기를 응원한다.

이처럼 경제 선진국에서는 실패한 기업인의 경험을 높이 사고 있다. 실패한 기업인이 취업 또는 재기를 준비할 경우 다양한 인센티브를 주면서 기회를 부여한다. 실패한 사람을 힐난하기보다는 그의 경험을 공공 자산으로 인정하는 사회적 분위기가 하나의 문화로 조성되어 있다. 창업에 도전하는 이들이 실패할 경우 좌절에서 탈출할 수 있는 다양한 사회적 시스템도 만들어놓고 있다.

반면 우리나라는 어떠한가. 우리나라의 경우, 사업을 벌였다가 실패하면 재기를 위해 전력을 다해보기도 전에 은행과 빚쟁이들이 몰려들어 빚 상환을 독촉한다. 대부분 자신의 집이나 친인척의 담보로 대출받아 사업을 시작했기 때문에, 집부터 차압을 당해 길거리로 내몰린다. 가정의 행복도 파괴된다. 심지어 부도를 낸 실패자로 낙인이 찍히거나, 부도 금액 여하에 따라 경제사범으로 감옥에 갈 수도 있다. 은행 거래는 중지되고 다시금 창업할 엄두도 내지 못한다. 아무리 열심히 일을 해도 한 번 실패하면 재기나 회생가능성은 거의 막힌다고 봐도 된다. 사업 실패자들이 극단적인 선택을 할 수밖에 없는 상황에 내몰리고 있는 것이다. 사업 실패자를 용인하지 않는 바람직하지 못한 사회 분위기도 문제지만 다시 일어나 회생하도록 도와줄 효과적인 시스템이 없는 탓이 크다. 많은 리더들이 자신에게 닥친 시련과 장애 그리고 실패를 인생의 디딤돌로 삼아 성장했음을 상기해볼 때, 이제 우리도 실패하더라도 재기할 수 있는 사회적 시스템이 꼭 필요한 시점이다.

구성원을 치유하는 우분투 정신

샌프란시스코 신학대학 전 총장이자 저술가인 도널드 맥클라우 Donald McCullough는 저서에서 남아프리카공화국의 밤벰바 부족의 독특한 전통에 대해 들려준다. 이들의 이야기는 우리에게 실패한 이를 재기시키는 시스템의 가치를 가르쳐준다.

이들은 부족민 가운데 잘못을 저지르거나 실패를 한 사람이 생기면 그를 마을 한가운데 세워 둔다. 남녀노소를 불문하고 모든 마을 주민들은 하던 일을 중단한 채, 서 있는 사람의 주위에 동그랗게 모인다. 그리고 한 사람씩 돌아가며 그가 그동안 행했던 좋은 일들에 대하여 이야기한다. 그가 얼마나 좋은 사람인지 느끼게 해주고, 앞으로는 더 잘할 수 있을 거라며 자존감을 세워준다.

그들은 결코 비난하거나 돌을 던지지 않는다. 잘못을 거론하며 심판하고, 욕하고, 벌을 주는 것도 아니다. 그의 긍정적인 특성, 예전의 관대한 행동이나 친절함, 특기, 장점 등을 길고 진지하게 이야기한다. 근거 없는 내용을 과장하여 말하거나 농담하는 것은 절대 허용하지 않는다. 이 의식은 며칠 동안 계속 이어진다.

그에 대한 긍정적인 말들이 모두 나오면, 주민들은 그를 둘러싼 원을 끊고 함께 춤을 추며 파티를 연다. 그러면서 그 사람을 자연스럽게 부족의 일원으로 다시 받아들인다. 정죄가 아니고 속죄이며 새로운 기회를 주는 의식인 것이다. 이 위대한 의식은 실패하거나 잘못을 저지른 사람을 공동체가 힘을 모아 회복시키는 부족 고유의 시스템이다. 공동체에서 낙오되고 버려질 사람을 다시 친구로 되돌리는 것이다. 이 얼마나 놀랍고 아름다운 방법이며, 위대하고 경건한 지혜인가.

지금 우리가 살아가고 있는 사회는 실패하고 실수하고 잘못된 행동을 한 사람들을 어떻게 대하고 있는가? 입으로는 "죄는 미워해도 사람은 미워하지 말자."고 말하면서 막상 그들을 대할 때는 어떠한가. 혹시 그들의 없는 잘못까지도 끄집어내어 죄보다 사람을 더 미워하며 심판하고 정죄하고 있지는 않은가. 그들의 잘잘못에 대하여 잘 알지도 못하면서, 사실 확인도 하지 않은 채 비방과 비난을 퍼붓고 심판하며 한편으로 이를 즐거워하기까지 하고 있지는 않은가. 이러한 문화는 반드시 바뀌어야 한다. 잘못한 사람, 실패와 실수를 한 사람에게도 새로운 기회를 주어 지속 가능한 사회의 일원으로 받아들여 주는 문화를 만들고, 이를 통해 함께 행복 우분투 사회로 거듭

나야 한다.

한 번 잘못했다고, 한 번 실수했다고, 한 번 실패했다고 낙인을 찍어 그들의 미래를 막아버리는 것은 사회적으로도 큰 손실이다. 현재 대한민국은 국가 경제력 세계 11위인 경제 강국이지만 빈부 격차 등 양극화는 심화되었다. 금융활동을 하기 어려운 금융 소외자는 700만 명이고, 신용불량자는 400만 명이다. 이 사람들을 사회에서 도태시키면 그만큼 경제활동인구는 줄어든다. 또한 빈부격차로 인한 사회적 갈등은 결국 사회적 불안 요소로 작용하여 엄청난 비용이 추가적으로 발생한다. 한 번 사업에 실패했다고 CEO를 완전 실패자로 낙인찍어 사회에서 도태시켰을 때 드는 사회적 비용 역시 재기에 투자하는 비용보다 훨씬 더 크다. 비용면에서나 사회의 효율성면에서나 우리가 추구해야 할 가치 면에서나 전혀 바람직하지 않다. 차라리 새로운 기회를 부여하여 경제활동을 원활히 할 수 있게 한다면, 이들을 배제하는 것보다 사회적 비용도 훨씬 적게 들고 사회의 경제적 동력도 늘어난다. 그들이 돈으로 살 수 없는 실패의 경험과 지혜를 얻었음을 생각하면 더 그렇다.

더 나은 세상을 위해서는 실패한 이들에게 새로운 기회를 주어 그들이 무한한 잠재능력을 계발하고 발휘하여 우리 사회에 기여하게 해야 한다. 실패한 사업가가 자신의 능력을 다시금 발휘할 수 있도록 도와주고, 쓰러진 기업을 일으켜 세울 수 있도록 지원하면 그는 지역사회나 국가 발전에 지속적으로 기여할 것이다. 이 세상의 위대한 리더들도 대부분 실수와 실패를 통해 성장하고 발전했다. 그들을 낙인찍어 심판하고 버리기보다는 새로운 기회를 주고 공동체로 받아들이는 것이 훨씬 더 가치가 있는 일이다.

한 번 실패했다고 저버리는 사회, 시련을 겪고 주춤대는 이들을 외면하는 사회에서는 결코 위대한 리더가 만들어지지 않는다. 이런 사회에서는 각자가 가진 잠재능력을 발휘할 기회를 얻기 어렵다. 실패가 두려워 도전을 피하고, 시련이 닥치면 쉽게 포기하고 안전한 길로 돌아가려는 사람들만 양산된다. 패자는 모두 낙오하고 승자가 모든 것을 차지하는 승자독식 사회의 부작용이다. 당장의 승리만을 생각하는 근시안적인 리더들이 늘어나고, 내가 성장하기보다는 남을 끌어내리는 데 열중하는 소모적인 경쟁이 가열된다. 시련을 극복하려고 노력하는 사람들이 진정한 리더로 성장할 기회를 잃고, 오히려 준비되지 않은 사람들이 리더의 자리에 오르게 된다. 사회 구성원들의 의욕과 창조성도 꺾인다.

꼴찌와 실패한 사람들, 시련을 겪는 사람들을 버리지 않고 다 함께 가는 방법을 찾는 것은 사회 전체의 역량을 크게 키우는 일인 동시에 함께 행복 우분투 사회를 만들기 위해 꼭 필요한 과정이다. 낙인찍는 사회, 정죄부터 하는 사회가 아닌, 사람도 살리고 공동체도 살리는 사회로 변화해야 한다. 함께 행복 우분투 사회에서는 소득격차로 인한 갈등, 초고령 사회의 세대 간 갈등, 지역 갈등, 문화적 갈등 등으로 인한 사회적 비용이 크게 줄어든다. 그렇게 축적된 힘은 근간이 튼튼한 사회를 만든다. 국가적인 어려움이 닥치더라도 시스템이 흔들리지 않고 사람들 사이의 신뢰가 무너지지 않는다.

사람들이 실패를 두려워하지 않고 도전할 수 있고 시련이 있더라도 쉽게 포기하지 않을 때 지역사회와 국가의 잠재력 또한 배가된다. 실패한 사람과 시련과 장애에 부딪힌 사람이 차별 없이 언제든지 다시 일어설 수 있는 사회가 건강한 사회이고 함께 행복한 우분투 사회이다.

사람의 마음을 얻는 것이
바로 커뮤니케이션이다.

커뮤니케이션 리더십

UBUNT
Leadership

오늘날 리더의 능력은 커뮤니케이션Communication 능력, 즉 소통 능력에 좌우된다. 커뮤니케이션은 상호 마음의 교류, 정보의 교환, 의사의 전달, 설득과 이해, 관계의 정립, 친화력을 통칭한다.

사회적 동물인 인간은 커뮤니케이션 속에서 성장 발전해왔다. 서로 의사를 전달하여 공통 목표를 추구하고, 교환한 지식과 정보를 선별하고 융합하여 보다 더 정확한 정보를 구축한다. 그리고 이를 이용하여 여러 가지 문제를 효과적으로 해결하여 더 나은 공동체를 만들어왔다.

또한 오늘날은 소통의 혁명이 일어나는 시대이다. 인터넷과 스마트폰이 발달하면서 우리는 카카오톡, 유투브, 인스타그램, 밴드, 블로그 등 SNS Social Network Services 와 그 외 다양한 쌍방향 미디어를 통해 상상을 초월한 소통을 할 수 있는 기반을 손바닥 안에 갖게 되었다. 생각만 있으면 언제 어디서나 그 누구와도 스마트 커뮤니케이션이 가능하다. 따라서 리더 역시 지식정보화 시대, 스마트 시대에 맞는 소통 역량을 키울 필요가 있다. 홍수처럼 밀려오는 엄청난 정보들을 이해하고 활용하기 위해서라도, 정보교환의 주체가 되는 사람 사이에 소통하는 능력이 필요하다.

소통 능력이
리더십이다

사람의 마음을 얻는 커뮤니케이션

리더의 모든 행위는 커뮤니케이션이다. 대화하고, 행동하고, 표정 짓고, 관심 두고, 질문하고, 지시하고, 경청하고, 심지어 내버려두는 것까지도 커뮤니케이션을 위한 방법이다.

바꾸어 말하면 리더가 할 수 있는 모든 일이 커뮤니케이션을 통하여 이루어진다. 구성원에게 구체적인 할 일을 지시하는 것은 물론, 비전을 공유하는 것, 목표를 조정하는 것, 동기를 이끌어내고 열정을 불러일으키는 것, 기회를 부여하고 도전하도록 격려하여 잠재능력을 살려내는 것, 결과를 피드백받고 더 나은 내일을 준비하는 것 모두가 커뮤니케이션 없이는 이루어지지 않는다. 성공한 리더의 공통된 특징은 탁월한 커뮤니케이션 능력을 발휘한다는 것이다. 개인이 아무리 똑똑하고 능력이 있어도, 구성원 모두가 최대한 능력을 발휘하고 목표에 집중하도록 하는 소통 능력이 없으면 리더로서 조직을 이끌어가기 어렵다. 따라서 커뮤니케이션 능력은 리더십 닉목 가운데 가장 중요하다.

그러므로 자신의 모든 행위를 커뮤니케이션이라는 관점에서 효율화하여 조직 전체와 원활한 소통을 해나가야 한다. 리더의 커뮤니케이션은 다양한 악기를 조화시켜 아름다운 음악을 이끌어내는 오케스트라의 지휘와 같다.

거듭 강조하듯이 이제부터는 일방적으로 지시를 전달하고 앞장서 가며 나를 따르라고 하는 리더, 리더 개인의 탁월한 능력으로 성과를 이루는 리더십은 필요하지 않다. 리더 한 사람만이 양질의 정보와 남다른 발상을 가지고 있는 시대는 지났다. 구성원 모두가 가진 정보와 창조성을 융합시켜 앞길을 열어가야 한다.

그러므로 리더는 구성원 한 사람 한 사람의 가치관을 소중하게 여기며, 잠재능력과 생각하는 법, 관점이나 이상 등이 서로 다름을 이해하고 존중해야 한다. 구성원에게 동기를 부여하고 잠재능력을 계발할 기회를 제공하여, 구성원 모두의 능력을 배가시켜 나보다 더 나은 리더로 만들어야 한다. 그리고 목표를 함께 공유하고 달성함으로써 함께 행복을 나누어야 한다. 즉, 커뮤니케이션 리더십의 가장 중요한 목표는 상대를 지배하거나 이기는 것이 아니라 구성원 모두 함께 승리하는 것이다. 효율적인 커뮤니케이션 능력을 발휘할 줄 아는 사람이 곧 창의적인 리더이며 함께 행복 우분투 리더이다.

편안한 리더, 불편한 리더

행복한 가정은 문제가 없는 가정이 아니라, 문제가 발생했을 때 가족 구성원들에게 상처나 아픔을 주지 않고 문제를 슬기롭게 해결해 나갈 수 있는 능력을 갖춘 가정이다. 직장, 그룹, 사회도 마찬가지이다. 행복한 사회는 문제가 없는 사회가 아니라 문제가 발생했을 때 구성원들에게 상처나 아픔을 주지 않고 차별 없이 문제를 슬기롭게 해결해 나갈 수 있는 능력을 갖춘 사회이다.

가정이든, 모임이든, 직장이든, 나아가 큰 사회나 국가 규모의 단체이든 사람이 모여 있는 공동체라면 언제 어디에서든 반드시 문제가 발생한다. 그럼에도 커뮤니케이션 능력이 탁월한 리더가 있는 조직에서는 큰 피해 없이 문제를 해결한다. 평화로운 공동체란 전쟁이나 다툼이 없는 공동체가 아니라 전쟁이나 다툼을 슬기롭게 해결해 갈 수 있는 능력이 있는 공동체이다. 그만큼 모두의 행복과 평화를 위해서 가장 필요한 것이 커뮤니케이션 능력이다.

그러나 의외로 우리 사회에는 소통 능력이 충분한 리더가 부족하다. 커뮤니케이션 능력이 충분한 리더는 신바람 나는 조직 문화를 만들고 구성원의 행복을 배가하지만, 리더에게 커뮤니케이션 능력이 없으면 조직의 역량도 줄어든다.

전에 인사위원회에서 조직 재구축 작업에 참여한 적이 있었다. 인재의 적재적소 배치를 통해 운영 효율을 극대화하기 위한 작업이었나. 재배치될 인물이 여럿 있었는데, 신기하게도 그중 A라는 사람은 모든 부서장들이 다 자기 부서에 보내주길 원했으며, B라는 사람은 자기 부서에서 배제하고 싶어했다.

한결같은 반응이 신기해서 두 사람의 배경과 그동안의 업무 성과 등에 대한 자료를 찾아보았다. 하지만 별다른 차이점을 찾지 못했다. 학력이나 잘하는 분야도 비슷했고, 그동안 낸 실적도 큰 차이는 없었다. 그래서 두 사람과 일했던 직원들과 면담을 했다. 대다수 직원들의 답변은 A와 일을 함께 하면 일할 맛이 나는데, B와 함께 하면 일할 맛이 나지 않는다고 했다. 그리고 A는 대화가 잘 되고 소통이 잘 되는데 B는 대화가 이어지지 않고 소통이 이루어지지 않는다고 했다. 즉, 두 사람의 차이는 업무 능력이 아니라 커뮤니케이션 능력의 차이였다.

어떤 조직에서든 일을 하면서 유난히 기피되는 사람과 선호되는 사람이 있다. 업무 외의 영역에서도 마찬가지다. 우리 삶에서 거쳐 온 인간관계들을 돌아보면 다가서면 왠지 편안한 사람이 있는가 하면 왠지 부담스럽고 불안한 사람이 있다. 불편한 사람과는 같이 일하고 싶지도 않고, 중요한 정보도 주고 싶지 않지만 편안한 사람에게는 뭐든지 털어놓고 적극적으로 서로 도우려고 하게 된다. 리더는 다가서면 불안한 사람이 아니라 이웃에게, 직장동료에게, 가족에게 편안한 사람이 되어주어야 한다. 그래야 구성원이 신뢰하며 따를 수 있고 편안하게 소통할 수 있다.

커뮤니케이션 능력은 타고나는 것이 아니라 훈련과 연습에 의해 만들어진다. 자신이 얼마나 주변에게 편안한 사람인지 돌아보고, 편안한 사람으로 소통하기 위해 노력하고 연습해야 한다. 대화를 할 때 강압적으로 결론을 짓지는 않았는지, 상대의 의견을 충분히 듣고 이해를 표시했는지, 인간적인 신뢰와 친밀함을 표현하고 있는지 돌아보자. 소통 방식 하나만 바꿔도 주변의 모든 것이 달라질 수 있다.

커뮤니케이션은 주로 말과 글로 이루어지는 언어적 커뮤니케이션Verbal Communication, 그리고 표정, 눈빛, 몸짓 등 바디 랭귀지를 통해 이루어지는 비언어적 커뮤니케이션Nonverbal Communication으로 나뉜다. 사람들은 언제나 이 두 가지 수단을 적절하게 활용하여 의식적 혹은 무의식적으로 의사를 표현하고 서로를 이해한다.

언어 소통의 중요성은 말할 필요도 없거니와, 비언어적 커뮤니케이션의 위력도 우리 생각보다 크다. 몇 년 전 블라디보스토크과 우수리스크 등 러시아 극동지역에 고려인 3세들을 위문하는 문화예술 교류단 단장으로서 해외 공연을 다녀온 적이 있었다. 연극 극단과 무용단 등 대전의 여러 문화예술인들과 함께 다양한 공연을 준비했는데, 언어, 즉 배우들의 대사를 기반으로 스토리를 전달하는 연극은 러시아 교민들이 잘 이해하지 못했다. 그러나 비언어적 표현인

춤은 그야말로 폭발적인 호응을 받았다. 앵콜 공연은 물론이었고, 계획에 없던 초청공연까지 제안받았다.

이렇듯 때로는 언어보다 비언어적 수단이 훨씬 더 많은 것을 전달한다. 대화는 많이 하는데 소통이 잘 되지 않는다고 느낀다면, 자신의 비언어적 커뮤니케이션 수단에 대해서도 한번 고민해볼 필요가 있다. 말로는 이해한다고 하면서 불쾌한 표정을 짓거나, 마음에 드는 보고를 받을 때와 마음에 안 드는 보고를 받을 때의 표정이 확실하게 다른 리더가 있다. 이런 리더들에게는 사람들이 솔직한 속내를 드러내지 않는다. 또 스스로는 인식하지도 못하고 있는, 대화할 때의 자세, 목소리, 말투 같은 것이 상대에게 거리감을 주기도 한다. 스스로 점검하는 것은 물론, 주변의 의견도 적극적으로 들으면서 자신의 커뮤니케이션 수단을 개선해나가야 한다.

커뮤니케이션의 핵심,
경청

경청이 소통의 기반을 만든다

많은 리더들이 말을 잘하려고 애쓴다. 말을 잘해서 사람들의 주목을 끌고, 분위기를 휘어잡고, 내 뜻대로 상대방을 설득하는 것을 리더의 기술이라고 여긴다. 덕택에 스피치 관련 아카데미가 도시마다 넘쳐나고 스피치 관련 도서도 많다. 그만큼 말 잘하는 사람도 넘친다. 말의 홍수 시대이자, 누구나 자기주장과 의견을 발표할 줄 아는 스피치 시대이다. 그러나 일방적인 스피치 리더십이 사람들을 이끌어가는 시대는 지났다. 다양한 사람들이 다양한 목표를 가지고 어울리는 오늘날의 사회에 진정한 리더의 덕목이 경청임은 이미 주지의 사실이다.

한 언론사에서 선호하는 여행 방법에 대한 설문조사를 했다. 가장 즐겁게 여행을 할 수 있는 방법이 무엇이라고 생각하느냐는 질문이었다. 럭셔리한 최고급 호텔 여행, 자유로운 배낭여행, 크루즈 여행, 철도 여행, 어떤 대답이든 할 수 있었지만 가장 많은 사람들이 공통적으로 행복하다고 답한 것은 '마음 맞는 친구와 함께 가는 여행'이었다. 그리고 이들이 말하는 마음 맞는 친구, 좋은 친구란 말 잘하는 친구가 아니라 내 이야기를 잘 들어주는 친구였다.

사람의 신체 각 부분을 자세하게 살펴보면 신비할 정도로 유기적이고 이치에 맞게 이루어져 있음을 알 수 있다. 몸 전체도 그렇거니와 얼굴 즉, 이목구비耳目口鼻의 배치를 보면 리더가 행해야할 덕목이 그대로 드러난다. 두 눈은 발등에 떨어진 일에만 얽매이지 말고 보다 멀리 바라보면서 살아가라는 뜻에서 맨 위에 있다. 입은 말은 적게 하라는 뜻에서 하나이고 귀는 듣는 것을 2배로 잘 하라는 뜻에서 두 개이다. 나아가 내 말보다는 남의 말을 더 존중하고 귀하게 받아들이라는 뜻에서 입보다 높은 곳에 있다. 눈은 보지 말아야 할 것은 보지 말라고 감을 수 있고 입은 말을 하지 않아야 할 때 침묵을 지킬 수 있도록 다물 수 있다. 반면에 귀는 남의 말을 차단하지 말고 언제든지 잘 들으라는 뜻에서 항상 열려있다.

특히 사람의 혀는 모든 분열과 다툼, 미움의 근원이기 때문인지 이중벽 안에 가두어놓았다. 튼튼한 턱뼈와 치아로 성벽을 쌓고 그래도 마음이 놓이질 않아 입술로 성문을 만들어 닫아놓았다. 항상 진실하고 필요한 말, 따뜻한 말만 가려서 하라는 의미이다. 혀를 잘못

사용하여 타인을 험담하거나 비난하여 분란을 일으키면 오히려 자신에게 되돌아와 상처내고 다치게 하는 경우가 많으니 조심해야 한다는 경고이다.

국가 간의 전쟁도 국가지도자의 말 한마디가 발단이 되기도 한다. 아무 생각 없이 내뱉은 말 한마디로 패가망신하는 사람들도 있다. 말은 열 마디를 잘 해도 한 마디를 잘못하면 사람의 마음을 잃고 자신을 망친다. 사람의 마음을 얻고자 한다면 말하기를 삼가고 경청에 나서는 것이 지혜이다.

현대 사회에서 자신의 이야기를 진지하게 들어줄 사람이 얼마나 필요하면, 사람들은 전문가를 찾아가 돈을 주고 이야기보따리를 풀어놓는다. 실제로 미국에서는 전혀 알지 못하는 상대의 이야기를 들어주는 경청 비즈니스가 호황이다. 누군가가 이야기를 들어주는 것만으로도 가슴 깊이 맺혀있던 마음의 응어리가 풀려 아팠던 마음이 치유되기 때문에 상담치료사가 유망 직업으로 각광받고 있다.

경청은 귀로만 듣는 것이 결코 아니다. 온 몸으로 듣는다. 진정한 경청은 오감과 내 존재를 동원하여 상대방에게 나 자신을 내어주는 행위이다. 경청(敬聽)에서 들을 청(聽)자를 보면 좌측에 귀를 나타내는 이(耳)자가 크게 있고 우측에는 열 십(十)자와 눈 목(目)자와 그 아래 마음 심(心)자가 있다. 즉 우리의 눈으로 상대방을 주목하고 마음을 모두 집중해서 귀를 기울여 듣는 것이 경청이다. 경청한다는 것은 상대의 말을 소중하고 가치 있게 여긴다는 것이다. 상대를 존중하고 상대와 함께 가고자 한다는 뜻이다.

경청은 여러 갈등을 해소시킬 수 있다. 그룹에서 문제가 일어났을 때 갈등을 해소하고 해결방법을 찾아내는 가장 확실한 길은 경청이다. 한 심리학자는 오늘날의 사회문제와 가정문제 대부분은 서로 경청하는 방법만 배워도 해결될 것이라고 했다. 잘잘못을 가리고 심판하는 것은 반드시 추가적인 갈등과 문제를 일으킨다. 언제 어느 때든 사람마다 입장과 관점이 다르고 의견이 다를 수 있기 때문이다. 그러나 충분한 경청을 거치면 그 과정에서 불필요한 앙금이 해소되고 진정한 해결책이 도출된다. 또한 상대를 내 사람으로 만들 수 있다. 경청은 그룹 내의 소통을 이끌어낼 뿐 아니라 나 자신을 존경받는 리더로 성장시킨다.

경청이야말로 경청하는 사람의 리더십 계발에도 크게 기여하면서, 말하는 사람에게도 성취감과 행복을 안겨주어 듣는 사람과 말하는 사람 모두에게 최고의 만족감을 느끼게 하는 행위이다.

상대를 중심에 두는 경청 기법

미국의 대형 컴퓨터 회사 오토데스크와 인터넷 포털업체 야후의 전 대표였던 캐롤 바츠Carol Bartz는 최고의 경청 리더로 미국 대통령으로 8년 간 재임한 빌 클린턴을 꼽았다.

"클린턴과 이야기하고 있으면 마치 이 세상에 우리 둘밖에 없는 듯한 느낌을 받는다.”

어마어마한 이야기이다. 클린턴을 직접 만나 대화를 해봤던 많은 리더들이 한결같이 같은 느낌을 받았다고 회고하는 것을 보면 클린턴 대통령은 경청 리더십의 달인이다.

경청은 그저 덤덤히 남의 말을 듣는 것만을 뜻하는 것은 아니다. 말 그대로 귀를 기울이고 마음을 열어 상대의 마음과 소통하는 것이다. 경청의 달인, 클린턴 대통령은 대화를 할 때 언제나 화자 쪽으로 몸을 약간 기울였다. 상대가 하는 말을 한마디도 놓치지 않으려는 듯 어떤 때는 귀를 화자 방향으로 돌리거나 귀에 손을 갖다 대 소리를 모으기도 했다. 어느 날 TV 토크쇼에서는 아예 자기 마이크를 자기 손으로 덮어 상대방의 말에 집중하고 있음을 보여주었다.

상대의 이야기를 100% 집중해서 들어주는 그의 몰입은 화자에게 귀한 대접을 받고 있다는 느낌을 주어 화자 역시 무의식적으로 청자를 그렇게 대하게 한다. 특히 세계에서 가장 강력한 권력자인 미국 대통령이 진지한 모습으로 나에게 몸을 기울여 내 말을 소중하게 경청하고 있다는 것은 전율을 느끼기에 충분할 것이다.

이렇듯 경청 리더로서 탁월한 능력을 겸비했던 빌 클린턴 대통령의 최대 위기는 백악관 인턴 르윈스키와의 섹스 스캔들이었다. 재선에 빨간 불이 켜졌음에도 불구하고 오히려 의회는 클린턴 대통령의 재선을 지지했다. 그것도 클린턴의 소속정당인 민주당 의원들은 물론이고 상대당인 공화당의 많은 의원들이 클린턴 대통령의 재선을 지지했다. 다른 정치적인 요인도 많이 있었겠지만, 평소 클린턴이 경청 리더십을 통해 쌓아온 호감과 신뢰가 많이 작용했을 것이다.

경청은 말하는 사람뿐 아니라 듣는 사람도 위하는 행위이다. 상대의 말을 경청하면 상대를 잘 파악할 수 있어 한결 마음에 여유가 생기고 상황마다 바른 판단을 할 수 있게 한다. 실제로 제대로 된 경청을 할 줄 아는 사람들, 즉 상대의 말을 가로막거나 가로채지 않고 상대가 말하는 내용에 깊은 관심을 가지면서 집중하여 경청하는 사람들은 확실하게 공감할 수 있는 내용이다.

경청을 할 때는 내가 아닌 상대를 중심에 두어야 한다. 이야기를 들어준다고 만든 자리에서 듣기보다는 충고하는 데 열중하는 사람을 흔히 볼 수 있다. 상대가 고민을 몇 마디 털어놓지도 않았는데, 그 문제라면 내가 잘 안다고 큰 소리를 치며 이렇게 해보라 저렇게 해보라고 참견을 한다. 심지어 그건 네가 잘못한 거라고 점잖게 꾸짖으며 세상 사는 법을 가르치려 하기도 한다. 상대방의 이야기를 하고 있는 것 같지만 그 대화의 주인공은 자신이다.

친구이든 동료이든 선후배 사이이든, 자신의 이야기를 하는 사람은 의견을 구하고자 하는 것이 아니라 이해를 받고자 하는 것이다. 내 사정을 알아주고 내 심정에 공감해주길 바라는 것이지 잘잘못을 가려주는 재판관이나 내 문제를 해결하는 해결사가 되어 달라고 하는 것이 아니다. 문제가 해결되지 않더라도, 그저 들어주고 공감하고 이해만 해주어도 그들의 속상했던 마음, 아픈 상처는 치유된다.

“내 이야기를 끝까지 들어줘서 고맙습니다. 아, 속이 다 시원하네!”

이것이 바로 경청의 성과이다.

경청을 하고자 할 때 반드시 지켜야할 규칙은 절대 말을 끊어서는 안 된다는 것이다. 내가 듣기에 아무리 뻔한 이야기, 다 겪어본 이야기라도 그 사람에게는 그 사람만의 관점이 있다. 말을 끊고 상황을 자기 관점에서 정리하거나, 다 안다, 내가 해봐서 안다 하면서 이야기의 주도권을 가져가면 상대는 더 이상 이야기할 의욕을 잃는다. 진정 상대의 깊은 속을 들어주고자 하는 마음이 있다면 어떤 경우라도 말을 끊지 말고 끝까지 이야기를 들어야 한다.

또한 절대 심판하거나 비판하지 않아야 한다. 이야기를 듣는 것은 소통의 과정이자 치유의 과정이다. 자유롭게 말하는 것 자체가 그 사람에게 자신을 돌아보고 상황을 정리할 힘을 준다. 내용 하나하나를 집어서 누가 잘못했다거나 그렇게 행동하지 말았어야 한다고 말하면 상대는 비판에 대응하기 위해 벽을 친다. 치유와 소통의 기회는 사라진다.

경청은 상대를 존중하는 마음과 상대에 대한 진지한 집중, 상대에게 시간과 성의를 투자하는 작은 노력만 있으면 누구라도 할 수 있다. 내 판단이 옳고, 내가 잘 안다는 생각을 버리고 상대가 말하는 것을 있는 그대로 받아들이면 된다. 이야기를 집중해서 들어주는 것만으로도 서로를 이해하고 신뢰하는 기초가 된다.

소통의
가치와 효용

소통을 통한 맞춤형 서비스

한 지자체에서 어린이 놀이터를 짓기로 했다. 새로 취임한 지자체 장은 놀이터 건설 계획과 설계도면을 검토한 후, 놀이터를 사용할 어린이들을 직접 만나서 의견을 듣고자 했다. 그는 놀이터를 짓기로 한 지역의 어린이들을 마을회관에 모아놓고 크레파스와 스케치북을 나누어 주었다.

"이곳에 어린이 여러분이 신나게 놀 수 있는 놀이터를 지으려고 하는데, 어떻게 만들었으면 좋겠는지 나누어준 스케치북에 직접 그려보세요."

이 말을 들은 어린이들은 신이 나서 자신들이 놀고 싶은 놀이터를 그렸다. 지자체장은 그림을 다 모아서 담당자와 설계자와 더불어 그림 내용을 검토했다.

그동안 지은 놀이터는 어린이들의 시각이 아닌 어른들의 시각에 따른 것이었기 때문에, 전국의 어린이 놀이터가 천편일률적으로 똑같았다. 어쩌면 놀이터를 짓는 회사의 편의에 따라, 또는 행정편의에 따라 건설하기 쉬운 놀이터가 대부분이었다.

그러나 그림을 보니 놀이터를 주로 이용하게 될 어린이들이 생각하는 것, 원하는 것은 어른들과 많이 다르다는 걸 알 수 있었다. 그래서 지자체장은 어린이들이 그린 놀이터들의 공통점과 특이점을 놀이터 설계에 반영했다. 어린이들이 꿈꾸는 놀이터, 어린이들이 진정 필요로 하는 것을 갖춘 놀이터, 어린이들의 생각대로 놀게 될 놀이터를 만들었다.

완공된 놀이터는 지역 어린이들에게 큰 인기를 얻었다. 항상 아이들이 놀이터에 모이자 어머니들도 함께 나와 시간을 보내게 되었고 지역 어른들도 함께 모였다. 그 놀이터는 지역에 없어서는 안 되는, 소중한 공동체 화합의 공간이 되었다. 사업 진행에 앞선 커뮤니케이션 과정이 얼마나 가치 있는 결과를 만들어낼 수 있는지 보여주는 사례다.

리더가 커뮤니케이션 과정 없이 일을 진행하면 결코 좋은 결과를 얻을 수 없다. 한 지역구 국회의원이 지역 경로당을 지원하겠다고 예산을 확보한 일이 있었다. 이들은 각 경로당에 에어컨과 김치 냉장고, 러닝머신, 헬스기구 등을 지원하겠다고 대대적으로 홍보했다.

하지만 반응은 좋지 않았다. 대부분의 경로당은 비가 새는 지붕 처마, 고장난 변기, 노후화된 난방 등 훨씬 절실하고 필수적인 문제로 골머리를 앓고 있었기 때문이다. 예산을 집행하기 전에 경로당 어르신들이나 현장 공무원들의 의견을 경청했다면 정말로 필요한 일에 효과적으로 예산을 사용하고 함께 행복한 결과를 이끌어낼 수 있었을 것이다.

어떤 영역에서든지, 서비스를 제공하거나 업무를 진행할 때는 일방적이고 획일적으로 처리할 것이 아니라 당사자의 의견을 경청하여 거기에 맞게 플랜을 짜는 것이 필수다. 맞춤형 서비스는 다소 번거롭고 시간이 걸리지만 투자대비 효율성은 언제나 탁월하다. 중복투자나 불필요한 투자로 인한 낭비가 없으므로 예산도 적게 소요된다. 국민의 세금을 사용하는 정부 서비스라면 특히 명심해야 할 일이다.

그럼에도 지금 우리 사회에서는 소통은커녕 법규나 조례에 규정된 절차조차 밟지 않고 일방적이고 행정편의주의적으로 공무를 집행하여 귀중한 예산을 낭비하는 일이 곳곳에서 벌어지고 있다. 지원사업 자체가 과연 누구를 위한 것이었는가에 대한 의문이 제기되고, 사업의 진정성마저 의심받는다. 사업 진행에 직접적인 영향을 받을 사람들의 의사나 행복은 생각하지 않고 편의대로 사업을 추진하다 보니 이런 일이 발생하는 것이다. 이러한 잘못된 관행을 바로잡기 위해, 나아가 서로 믿는 신뢰 사회를 구현하기 위해서 소통은 가장 중요하고 절실한 리더의 덕목이다.

적보다 더 위험한 것이 무능하면서 부지런한 리더라는 이야기를 흔히 한다. 무능하고 부지런한 리더는 잘 알지도 못하면서 무조건 일을 밀어붙여서 눈앞의 성과만을 얻으려 한다. 사람들이 행복해지는 방향으로 일을 추진하는 것이 아니라 겉보기에 그럴듯한 일을 하려고 한다. 당장 눈에 띄는 업적을 얻을 수 있다면 결과적으로는 투자 대비 손해가 나는 일이라도 막연하게 추진한다. 이들에게는 당장 내가 무엇을 이루었는가만 중요하지, 조직 전체의 측면에서 그리고 장기적인 안목에서 투자Input 대비 성과Output를 파악하고 효율을 내고자 하는 경영마인드가 없다. 국가나 지자체 예산이 되었든, 기업의 투자금이 되었든, 모임의 공금이 되었든, 이런 리더들에 의해 집행되는 자금은 투자효용을 기대하기 어렵다.

이런 리더들이 무능한 이유는 경청하고 소통하는 능력이 없기 때문이다. 서비스 대상자의 의견을 경청하지 않고, 현장 실무자들의 의견을 경청하지 않는다. 내가 모든 것을 다 할 수 있고, 내가 아는 것만이 진실이고, 나 아니면 안 된다고 생각하면서 조직의 구성원들에게 자기 뜻만을 강요한다. 구성원들은 겉으로는 말을 들을지 몰라도 내심으로 공감하지 않는다. 이러한 리더는 조직의 효율을 떨군다. 성과도 잘 올리지 못한다.

구성원들과 목표를 공유하고, 모두에게 동기를 부여하고, 구성원들의 잠재능력을 활용하기 위해서는 경청이 필수다. 리더가 구성원의 말에 귀를 기울여야 구성원들도 리더의 비전에 귀를 기울인다. 리더는 팀이 공유해야 할 방향과 핵심가치를 제시하되, 구체적인 목표를 설정하고 세부 계획을 수립하는 단계부터 구성원들의 의견을 경청하고 수렴하여야 한다. 그래야만 조직의 모든 것을 효율화할 수 있다. 경청은 단순히 듣는 행위가 아니다. 경청은 상대와 의견을 교환하고 그 결과를 정책이나 사업에 반영하는 것이다. 진정한 소통이 동반되어야 한다. 정책이나 사업에 전혀 반영을 하지 않고 그저 듣기만 하는 것은 경청이 아니다.

내가 아닌 너의 입장에서

사람은 대부분 자신의 기준으로 남을 생각한다. 그러다보니 고정관념에 얽매이기도 하고, 상대의 행동을 오해하여 판단을 그르치기도 한다. 다른 사람이 내 생각과 다르게 행동하면 상처를 받거나 갈등을 겪기도 한다.

하지만 사람은 모두 다르다. 생각도 취향도 다르고 필요로 하는 것도 다 다르다. 내가 배려한다고 한 행동이 상대에게는 결례가 될 수도 있고, 내가 불필요하다고 여겨서 무시한 것이 상대에게는 꼭 필요한 것일 때도 있다. 그래서 소통을 할 때는 반드시 상대의 입장에서 상대를 기준으로 생각하고 결정해야 한다. 그래야 의미 있는 결과를 얻을 수 있다.

전자제품 브랜드 하이얼은 중국을 대표하는 대기업 중 하나다. 1990년대, 중국 쓰촨성의 한 하이얼 매장에 세탁기 배수관이 자주 막힌다는 고객의 항의가 들어왔다. 그 고객 이외에도 이 지역에는 비슷한 문제를 겪는 고객들이 많았다. 파견된 AS기사가 점검해 보니 농민들은 세탁기로 옷을 세탁하는 것이 아니라 감자, 고구마 등의 농산물을 씻고 있었다. 그러다 보니 흙 등 찌꺼기가 쌓여 세탁기의 배수구가 자주 막히는 것이었다. AS기사는 농민들에게 세탁물 이외의 물건을 세탁기로 세탁하면 안 된다고 주의를 주고 올바른 사용법을 가르쳐주었지만, 비슷한 문제는 계속해서 발생했다.

하이얼의 직원들은 어떻게 하면 고객들이 세탁기를 올바르게 사용하도록 할 수 있을까 고민했다. 하지만 보고를 받은 하이얼의 회장 장루이민張瑞敏의 생각은 달랐다. "소비자는 항상 올바르다. 소비자가 원하는 제품을 만들어야 한다."를 평소 신조로 삼고 있는 그는 고객의 생각을 바꿀 것이 아니라 고객을 위해 흙 묻은 고구마와 야채를 씻어도 괜찮은 세탁기를 만들라고 지시했다.

6개월 뒤 하이얼에서는 고구마를 씻어도 문제가 생기지 않는 일명 고구마 세탁기를 출시했다. 고구마 세탁기는 시장에서 엄청난 호응을 얻어 초기 물량 1만 대가 하루만에 완판되었다.

고객이 항상 옳다는 장루이민 회장의 소비자 우선 정신이 빛을 발한 것이다. 이러한 장루이민 회장의 경영철학 덕분인지 하이얼 그룹의 소비자 이미지는 무척 우수하다. 성장세 역시 놀라워 미국 경제지 포브스가 아시아를 대표하는 성장 기업으로 선정했을 정도다.

하이얼 그룹의 사례는 진정으로 소통하고 다른 사람들의 생각을 받아들일 때 무엇을 얻을 수 있는지를 잘 보여준다. 내가 부소선 살하는 것보다 상대방이 원하는 것을 파악하여 실천했을 때 진정 모두가 행복한 결과를 얻을 수 있다. 내 마음 내 방식대로가 아니라 상대의 마음을 알고 배려하는 방식이 되어야 한다. 상대를 알려고 노력하고 소통하려고 노력하는 것은 내가 눈앞의 이익을 얻기 위해서가 아니라 상대를 배려하기 위함이다. 이러한 마음으로 소통해야 사람의 마음을 얻을 수 있다.

인간관계를 위한 성공 수칙 7가지

삶이란 사람과의 어울림의 기록이다. 누구나 다 알듯 우리가 살아가면서 가장 만나기 쉬운 것이 사람이다. 그래서 가장 얻기 쉬운 것도 사람이고, 가장 잃기 쉬운 것도 사람이다. 그러나 한번 잃은 사람은 다시 찾기 매우 어렵다. 물질이나 물건을 잃어버리면 찾지 못하더라도 대체할 수 있지만 사람은 아무리 애를 써도 똑같은 사람으로 대체할 수 없다. 그래서 사람이 가장 중요하다.

좋은 관계를 만들어가기 위하여 다음 7가지를 명심했으면 한다.

① 경청

많은 커뮤니케이션의 기법 가운데 최고 기법은 경청이다. 상대의 말을 정성껏 귀담아 들어주면 인간관계는 만사형통이다. 자신의 이야기를 들어주는 사람이 가장 좋은 친구가 될 수 있기 때문이다.

② 진심

인간관계의 가장 기본은 진심이다. 나를 진실하게 보여주며 사람을 사람답게 대하는 것이야말로 깊고 오래 가는 관계를 만드는 최선의 방법이다.

사람마다 마음이 다르고 생각이 다르다보니, 내 딴에는 아무리 상대에게 잘한다고 해도 오해하고 실망하는 일은 생기기 마련이다. 좋았던 수많은 기억을 두고도 단 한 번의 실수 때문에 좋았던 관계가 틀어지기도 한다. 이렇게 안타까운 일을 막아주는 유일한 방법이 진심이다. 머리를 써서 상대가 좋아할만한 행동을 하고 점수를 따는 것이 아니라, 항상 진심과 성의를 가지고 상대를 대해야 한다.

내가 먼저 진심을 보여주면 상대도 마음을 연다. 행동 하나하나보다는 그 안에 담긴 성의를 본다. 이렇게 신뢰가 쌓인 사이에서는 서운한 일이 생기더라도 이해하고 믿어주며 대화를 통해 풀어나갈 수 있다. 설령 큰 잘못을 저질렀더라도 용서하고 만회할 기회를 주며 아름다운 상생의 인간관계를 이루어낼 수 있다.

바꿔 말하면 아무리 좋은 커뮤니케이션 기법을 활용하더라도 마음이 담겨 있지 않으면 무용지물이다. 상대를 위하는 말과 행동을 하면서도 마음속으로는 내 이익과 내 입장을 먼저 생각하고 있다면 신뢰는 쌓이지 않는다. 빠르든 늦든 그 사람과의 관계는 실패할 수밖에 없다. 항상 투명하게, 진심으로 사람을 대하는 것만이 좋은 인간 관계를 유지하는 최고의 비결이다.

나는 오랫동안 장애인 복지시설에서 목욕봉사를 해왔다. 직접 몸을 씻기 어려운 중증장애인분들을 시원하게 씻겨드리는 봉사다. 그런 데 봉사를 계속하다보니, 유독 내게 목욕봉사를 받고 싶어하는 분들 이 많다. 내가 오랫동안 목욕봉사를 해왔다 보니 몸을 보여주기가 낯설지 않아서일 수도 있다. 그리고 내가 봉사를 할 때 망설이거나 꺼리지 않고 즐겁고 신나게 하기 때문일 수도 있다. 그분들은 항문 등 은밀한 부위를 시원하게 씻고 싶은데 아직 익숙하지 않은 봉사자 들은 그분들이 부끄러우실까봐 손대기를 망설이기도 한다. 그러나 나는 편안한 마음으로 그 부분을 시원하게 씻겨드린다. 아마 그분들 이 나를 찾는 것은 나의 진심을 알기 때문일 것이다.

물론 나도 처음부터 그렇게 할 수 있었던 것은 아니다. 봉사를 시작 한 초기에는 열심히 하려는 마음은 컸지만 어색하기도 하고 뭔가 실 수라도 할까봐 항상 조심스러웠다. 그런데 어느날, 봉사를 받던 장 애인 한 분이 힘겹게 띄엄띄엄 말했다.

"저를 그렇게 불쌍하게 보지 마세요! 저도 하나님께 영광을 돌리기 위해 태어난 소중한 사람입니다."

아마 내가 정말 열린 마음으로 봉사를 하게 된 것은 그 말을 듣고부 터일 것이다.

중증 장애인들도 자신을 목욕시켜주는 봉사자가 진실한 마음으로 자신의 몸을 씻어주는지 의무감으로 어쩔 수 없이, 또는 보여주기 식으로 하는지 안다. 다른 관계에서도 마찬가지이다. 커뮤니케이션은 결국 사람과 사람 사이의 관계이므로 계획대로 되기도 하지만 수많은 변수가 있다. 효과적인 커뮤니케이션을 하려면 반드시 먼저 자신의 진심을 보여주면서 마음을 다하고 정성을 다해야 한다.

내가 대접받고 싶은 대로 상대방을 대접한다는 생각으로 진심을 담으면 커뮤니케이션은 100% 성공한다. 무조건 잘해주기만 하는 것보다 진심으로 대하는 것이 더 귀중하다. 설령 당장 오해받는 일이 있을지라도, 진심으로 한 말과 행동은 시간이 지나면 반드시 상대에게 이해를 받고, 쉽사리 무너지지 않는 신뢰를 만든다.

③ 배려와 겸손

상대의 입장에서 생각하고 상대를 존중하는 배려와 겸손의 마음은 모든 관계에서 필수적이다. 그러나 인간은 스스로 경계하지 않으면 금세 이기적이 되고, 남보다 위에서 남을 내려다보고 싶어하는 나약한 습성이 있다. 좋은 관계를 만들어가고 싶다면 방심하여 실수하지 않도록 배려와 겸손의 자세를 항상 마음에 새겨야 한다.

배려와 겸손에 대해서는 6장에서 더 자세하게 설명하고 있다.

④ 사랑의 거리

인간관계의 어려움을 흔히 고슴도치 사이의 거리에 비유한다. 사랑한다고 무작정 다가가 꼭 안으면 서로의 가시에 찔려 아프고, 너무 멀리 떨어지면 서로의 온기를 느낄 수 없다. 사람의 관계도 이와 같다. 너무 친해지고 가까워지면 배려를 잃고 함부로 대하다 서로에게 상처를 주기가 쉽다. 가까워진 만큼 더 소중하게 생각해야 하는데, 가까우니까 다 이해해주겠지 하며 쉽게 행동한다. 서로의 가시에 찔려 아픔이 되지 않도록 그러나 더 멀어지지 않도록 사랑의 거리를 두고 인간관계를 가꿔야 한다. 잘 아는 사이라고 다 내 마음과 같겠지라고 방심하면 아무리 좋은 관계였을지라도 실패할 수 있다.

⑤ 사랑을 시작할 때의 초심

사랑하는 사람을 만날 때와 같은 마음으로 커뮤니케이션하면 모든 인간관계는 성공한다. 아무리 어려운 일이나 장애가 있다 할지라도 사랑할 때의 마음으로 다가서면 다 원만하다.

연인은 그저 생각만 해도 설레고, 무엇이든 다 해주고 싶고, 그를 위해 나를 최대한 낮추려 하고, 함께 있는 것으로 행복하다. 때문에 사랑을 하는 사람은 항상 내 중심이 아니라 사랑하는 사람 중심으로 행동한다. 내가 이만큼 잘해줬는데 너는 왜 나한테 잘못하는가 따지지 않는다. 사랑하는 사람에게 하듯이 그때의 초심으로 다른 사람도 대하라는 의미이다.

사랑에 빠지면 모든 것이 달라진다. 세상이 밝아지고 무조건 다 좋아진다. 일상에서 보던 하늘, 나무, 거리 등 익숙하고 느낌이 없던 그저 그런 풍광이 갑자기 생기가 돋고 활기 있으며, 모든 것이 감동과 감사로 다가온다. 아침마다 상쾌하고 마냥 행복하다.

사랑하는 사람의 마음을 얻어 사랑의 결실을 이루기까지 얼마나 많은 날을 자나깨나 그만을 그리워하고 또 애를 내었는가. 그 사람의 마음을 얻기 위해 하늘의 별이라도 따 줄 것처럼 노력하고 배려하지 않았던가. 내가 좋은 관계를 맺고 싶어하는 사람을 사랑하는 사람처럼 여기고 행동한다면 이 세상에서 이루지 못할 관계는 없다.

우리는 사랑하는 사람을 만날 때 수많은 준비를 하고 최상의 모습으로, 최고의 마음으로 만난다. 그러나 결혼을 하면 사랑할 때의 초심을 잃고 모든 행동을 자기 방식대로, 자기 편한 대로 한다. 잡은 고기라고 먹이를 주지 않는다. 이렇게 하면 관계가 전혀 없던 사람들보다 관계가 더 안 좋아질 수도 있다. 관계가 좋은 사람일수록 더 나은 관계로 승화될 수 있도록 오히려 더 세심하게 배려해야 한다. 사랑할 때의 초심으로 관계를 유지하면 모두 성공할 수 있다.

좋은 인간관계를 맺었으면 그 인연을 소중히 간직하고 지속될 수 있도록 노력해야 관계에서 성공할 수 있다. 특히 처음 관계를 맺었던 당시와 지금, 나와 상대가 처한 위치나 지위, 권력과 명예 그리고 부를 비교하며 개구리 올챙이 적을 모르는 행동을 하면 사람을 잃고 관계도 영원히 회복할 수 없다.

자신이 필요할 때는 이용하고 효용가치가 없다고 생각하면 매몰차게 모른 체 하고 있지는 않은가. 자신의 위치나 지위, 부나 명예가 상대보다 높아졌다고 안면 몰수하고 딴 사람이 되지는 않았는가. 내가 지금 목이 마르지 않다고 샘물을 흙탕으로 더럽히면 언젠가 반드시 후회하게 된다. 지금 물을 마시지 않는다고 해도 언제라도 맑은 물을 길어올릴 수 있도록 깨끗이 관리해야 한다. 지금 당장 도움이나 교류가 필요 없는 관계라고 할지라도 성의를 기울여야 한다. 한번 맺은 인연은 소중히 간직하여 오래도록 소중한 사람으로 남겨두어야 한다.

내가 등을 돌리면 상대방은 마음을 돌려버리고, 내가 은혜를 저버리면 상대방은 관심을 접어버리며, 내가 배신하면 상대방은 아예 무시하고 사람 대접을 하지 않는다. 내가 관심을 갖고 소중히 하면 남도 나를 소중히 여긴다.

⑥ 시소 커뮤니케이션

시소는 내가 낮아져야만 상대를 높일 수 있다. 나를 먼저 낮추고 커뮤니케이션하면 자연스럽게 상대를 높이는 것이 되므로 소통이 훨씬 수월하다. 내가 먼저 겸손해지면 상대가 나를 경쟁상대로 보거나 이기려고 하지 않는다. 특히 리더가 시소 커뮤니케이션 스킬로 낮아지면 구성원의 자존감을 높일 수 있다.

내가 먼저 나를 낮추면 세상이 나를 높여주고, 내가 나를 높이면 세상이 나를 낮춘다. 겸손과 배려의 리더십 가운데 중요한 요소인 시소 커뮤니케이션 스킬은 리더가 꼭 갖춰야 할 가장 기초적인 덕목이자 구성원들로부터 신뢰받을 수 있는 리더십이다.

⑦ 언제와 지금

사람들이 만나고 헤어지면서 흔히 하는 인사말이 있다,

"언제 한번 만나요."

"다음에 식사나 한번 하시죠."

언제 한번이 도대체 언제를 말하는 것인지, 다음이란 또 언제인지 아무도 모른다. 이렇게 헤어진 사람과 실제로 식사를 하게 되는 일은 특별한 인연이라도 겹치지 않는 한 좀처럼 없다.

우리가 사람을 만나 나누는 밥과 술은 단순한 한 끼 식사가 아니라 인간관계에 있어서 아주 중요한 소통의 도구이다. 함께 술 한 잔, 밥 한 끼 먹는 것만으로도 가까운 사이가 되고 매우 친밀해진다. 함께 밥을 먹는다는 것은 식구가 되는 것이다. 함께 식사를 하면 식구가 되고 가족이 된다. 한국의 커뮤니케이션에서 밥 한번 먹자는 말은 그만큼 큰 의미를 갖고 있다. 사람들은 아무하고나 밥이나 술을 먹지는 않는다. 관계를 만들어가고 싶은 사람이나 더 좋은 관계를 유지하고 싶은 사람에게 밥 한 번 먹자고 제안한다. 그만큼 소중한 인연을 막연한 다음으로 마냥 미뤄두는 것은 안 될 일이다.

언제 한번, 다음에 한번은 일어나지도 찾아오지도 않는다. 막연한 다음을 기대하면 아무 것도 이룰 수 없다. 만일이라고 하기 전에 지금 그 일을 시작해야 하며, 만나야 할 사람이 있다면, 언제 한번이 아

니라 지금 당장 시간 내서 만나자고 해야 한다. 혹여 지금이 안 된다
면 정확한 날짜를 그 자리에서 약속해야 한다. 그래야 만날 수 있고,
만나야 인간 관계를 만들 수 있다.

> 사람이 있을 때는 먼저 인정하고 존중하고,
> 그 사람이 없을 때는 꼭 칭찬하라.
> 불평불만 보다는 감사의 언어로,
> 때문에보다는 덕분에라는 어법을 사용하라.
> 어려움을 겪고 있으면 생각한 것보다 더 도와주라.
> 베푼 것은 바로 잊고,
> 내가 입은 은혜는 절대로 잊지 말며
> 서운한 것은 툭 내려놓으라.

생각이 바뀌면 행동이 바뀌고 습관이 바뀔 것이며,
결국 자신의 인생을 슬기롭게 바꿀 수 있다.

6장

리더의 내면에
갖춰야 할 것들

01 마음을 얻는 존중의 리더십
02 인재를 부르는 리더의 품성
03 리더가 해야 할 절차탁마

UBUNT
Leadership

그늘이 넓은 나무 밑에는 새들이 모이고 가슴이 넓은 사람 밑에는 사람들이 모인다. 아름다운 꽃이 피어있거나 탐스러운 과일이 달린 나무 밑에는 어김없이 길이 나 있듯이, 사람들은 좋은 리더의 그늘 아래에 있기를 늘 갈망한다. 아름답고 향기 나는 리더, 능력 있는 리더를 사람들이 따르는 것은 당연한 일이다.

내가 리더의 위치에 있지만 사람들이 모여들지 않고 피하기만 한다면 리더는 먼저 자신을 면밀하게 돌아보아야 한다. 리더의 곁에 사람들이 모이지 않는다면 리더에게 무언가 부족한 점이 있는 것이다. 누구나 살면서 자신을 갈고 닦아야 하지만, 리더에게는 특히 다양한 덕망이 필요하다. 보다 많은 사람을 포용하고 균형 있는 판단을 할 수 있도록, 리더는 자신의 내면을 항상 갈고 닦아야 한다.

아름다운 꽃이나 탐스런 과일처럼, 그냥 떠올리기만 해도 입가에 미소가 저절로 한아름 번지게 하는 리더. 내가 좀 손해를 보더라도 구성원을 위해 아량을 베푸는 너그러운 리더. 그래서 언제나 은은한 향기가 풍겨져 나오는 리더. 그런 리더를 만나 함께 있고 싶어지는 것은 인지상정이다. 그 향기가 온전히 내 몸과 마음을 적실 수 있기를, 그리하여 나 또한 그 향기를 누군가에게 전할 수 있기를 누구나 바랄 것이다.

마음을 얻는
존중의 리더십

겸손이 존중의 시작이다

허름한 옷차림을 한 어느 노부부가 하버드대학의 총장실로 찾아와 총장을 만나기를 청했다. 비서는 보잘것없어 보이는 노인들을 총장에게 안내해봤자 야단만 맞을 것 같아 얼굴을 찌푸렸다.

"총장님께서는 지금 업무 중이십니다. 일정이 많으셔서 만나뵐 수가 없을 것 같습니다."

비서가 냉정하게 잘라 말했다. 그러나 노부부는 조용하게 말했다.

"그럼 시간이 나실 때까지 기다리지요."

비서는 기다리다 지치면 노부부가 돌아가겠거니 하고 생각했다. 그러나 노부부는 네 시간이나 무시하고 방치해뒀는데도 돌아가지 않고 기다렸다. 비서가 마침내 총장에게 보고했다.

"이상한 할아버지 할머니가 네 시간째 총장님을 뵙고 싶다며 사무실에서 기다리고 있습니다. 혹시 총장님께서 잠깐 만나주시면 바로 갈지도 모르니 잠깐 만나주셨으면 합니다."

총장은 짜증이 났지만 마지못해 고개를 끄덕였다. 그는 한껏 위엄을 부리며 노부부를 맞이했다. 할머니가 총장에게 말했다.

"저희에겐 하버드대학에 1년을 다닌 아들이 하나 있었습니다. 그 애는 하버드를 정말 자랑스러워하고 사랑했어요. 학교에 다니는 동안 항상 행복해 했죠. 그런데 1년 전 그 아이가 사고로 세상을 떠났습니다. 그래서 남편과 저는 캠퍼스 내에 그 아이를 위한 기념물을 세웠으면 합니다."

총장이 벌떡 일어서며 아주 퉁명스럽게 대답했다.

"할머니! 하버드대학을 다니다 죽은 사람 모두를 위해 동상을 세워줄 수는 없습니다. 그랬다면 이 하버드는 공동묘지가 되었겠지요."

할머니가 총장의 말에 깜짝 놀라 손사래를 쳤다.

"그게 아닙니다. 총장님! 동상을 세우고 싶은 게 아니고 건물을 하나 기증할까 해서요."

그 말을 듣고 총장은 할머니의 낡은 줄무늬 원피스와 할아버지의 올이 드러난 홈스펀 양복을 번갈아 보며 큰소리로 말했다.

"건물이라고요? 건물 하나를 짓는 데 비용이 얼마나 드는지 알고나 하시는 말입니까? 하버드의 건물을 짓는 데 750만 달러가 넘게

들었다고요!"

총장은 드디어 노부부를 쫓아낼 수 있게 되었다며 한시름 놓았다. 할머니는 잠시 숨을 죽였다. 그리고 할아버지를 바라보며 말했다.

"영감! 그 정도 금액이면 대학을 세울 수 있나 봐요? 그냥 우리가 하나 만들면 어떨까요?"

할머니 말을 들은 할아버지는 고개를 끄덕였다. 이 말을 들은 총장의 얼굴에는 혼란과 당혹감이 역력했으나 이미 노부부는 총장실을 나가고 있었다.

릴런드 스탠퍼드Leland Stanford 부부는 하버드를 나가서 곧장 캘리포니아의 팔로 알토를 향했다. 부부는 하버드대학교가 더 이상 돌보아 주지 않는 아들을 기념하기 위해, 사랑하는 아들의 이름을 따서 릴런드 스탠퍼드 주니어 대학교를 설립했다. 이 대학이 바로 미국 서부의 세계적인 명문대학교이자 실리콘밸리를 태동시킨 스탠퍼드 대학이다.

하버드대학의 총장은 자신이 아주 중요한 사람이며, 가난한 노부부에게 관심을 보이는 것은 시간낭비라고 생각했다. 비서 역시 윗사람의 생각에 영향을 받아 노부부를 무시했다. 결국 그들은 그 교만함으로 인해 고액의 기부금을 받을 기회를 스스로 걷어차고 말았다.

우리 또한 돈이 있느냐 없느냐, 사회적 지위가 있느냐 없느냐에 따라 사람의 급을 나누고 태도를 바꾸는 일이 많다. 이런 사람들은 리더의 자리에 오르면 금세 사람을 존중하는 법을 잊어버린다. 모두가 행복한 우분투 사회를 만들기 위해서는 남의 위에 오르는 것이 아니라 같은 자리에서 눈을 맞추고 존중하는 소통을 해야 한다. 그러기 위해서는 스스로를 낮출 줄 알아야 한다. 겉모습으로 사람을 판단하지 말아야 하는 것은 불론, 설령 상대가 정말 아무것도 가진 것 없는 가난한 노부부라 해도 그 앞에서 몸을 낮추고 뜻을 들어주는 자세가 필요하다. 리더의 가장 기본적인 덕망은 겸손함이다.

옛날 우리집 건강 먹거리의 보고는 장독대였다. 어머니는 장독대의 장독들을 마치 가족처럼 하루도 빠짐없이 정성을 다해 닦아주고 애지중지 어루만졌다. 이 장독대에는 어머니가 직접 챙기는, 둥글넓적한 누름돌이 꼭 함께 있었다.

처음에는 어머니가 왜 무거운 돌을 김치 위에 올려놓는지 이해하기 어려웠다. 그러나 누름돌에 눌려있던 김치를 맛보고 나서야 왜 어머니가 누름돌을 소중히 여기는지 알 수 있었다. 누름돌에 묵직하게 눌린 김치는 고루고루 깊은 맛이 들어 있을 뿐 아니라, 산화되어 쉬지 않고 맛을 오래 간직했다.

그리고 아마 어머니는 김치를 누를 누름돌과 함께 자신을 누르는 누름돌을 가슴속에 간직하고 있었던 것 같다. 어머니는 항상 겸손하고 부드러운 자세로 힘든 일을 마다 않고 가족들을 보살폈다. 그래서인지 어려운 일이 있을 때 제일 먼저 생각나는 사람, 무슨 일이든 마음을 활짝 열고 속을 털어놓을 수 있는 사람은 언제나 어머니였다.

리더 역시 자신을 누를 수 있는 누름돌을 가슴속에 간직해야 한다. 툭하면 일어서는 자만심과 시시때때 솟아오르는 욕심, 나 아니면 안 된다는 교만, 불끈불끈 솟구치는 감정들을 누름돌로 꾹꾹 눌러서 더 낮은 곳에서 항상 겸손하게 생활해야 한다. 먼저 나를 더 낮추는 겸손함으로 함께 행복한 우분투 리더십을 발휘해야 한다.

겸손은 머리로 하는 것이 아니다. 몸에 밴 습관이고 문화여야 한다. 마음속으로 위아래를 구분짓고 남을 아래로 보면 아무리 예의범절로 포장해도 진정한 존중의 자세는 나오지 않는다. 진정으로 상대를 존중해야 소통이 이루어진다.

상대의 허물을 덮어주는 배려의 마음

교회에서 가족 찬송 경연대회를 하던 중, 한 집사님이 그만 가사를 틀렸다. 교인들도 깔깔거리며 웃었고 집사님은 얼굴이 홍당무가 되어 고개를 들지 못했다.

몇 팀의 찬송경연이 끝나고 목사님 가족의 차례가 되었다. 그런데 중요한 대목에서 목사님이 가사를 틀리고 말았다. 교인들은 다시 깔깔거리며 웃었다. 부인과 자녀들은 창피해하며 목사님을 흘끗거렸지만 목사님은 태평하게 웃는 얼굴이었다.

그날 저녁 식사자리에서 부인이 넌지시 물었다.

"교인들 앞에서 목사님이 찬송가 가사를 틀렸으니 교인들 보기에 창피하지 않으세요?"

그러자 목사님이 빙그레 웃었다.

"김 집사가 찬송을 하다 틀려서 교인들이 다 웃었지요. 김 집사가 너무 창피한지 몸둘 바를 모르며 고개도 들지 못하더군요. 그래서 나도 우리 가족이 찬송할 때 일부러 틀리게 불렀어요. 교인들이 나를 보고 웃을 때 슬쩍 김 집사를 바라보니 조금 안도하는 것 같더군요. 내가 가사를 틀려서 한 영혼에게 위로를 줄 수 있다니 참 기쁜 일이 아닌가요."

이야기를 들은 가족들은 함께 흡족하게 웃을 수 있었다.

사람은 누구나 실수를 한다. 그런데 남의 실수나 허물 보기를 즐거워하고 오래도록 기억하고 들춰내는 사람이 있다. 그들은 불행한 사람이다. 아무도 이런 사람들을 신뢰하지 않는다. 반대로 남의 실수나 허물은 될 수 있으면 보지 않으려고 하고 어쩌다가 보았어도 바로 잊어버리고 늘 덮어주려는 사람이 행복한 사람이다. 이렇게 배려하는 리더는 많은 사람이 믿고 따른다.

리더는 구성원이나 부하직원이 실수나 잘못된 행동을 하였을 때, 그 마음을 헤아려주어야 한다. 어려움이나 곤란함에 처한 구성원을 위해 직접 나서서 해결해주는 배려의 리더십을 발휘해야 한다. 그래야 구성원이 그 리더를 믿고 따른다.

배려는 사소한 관심에서 출발한다. 역지사지의 자세로 상대방의 입장을 헤아리다 보면 배려의 싹이 탄생하는 것이다. 배려는 거창하지 않다. 이웃을 위한 우리의 작은 배려가 함께 행복 우분투 사회를 만드는 밑거름이다.

중국의 춘추전국시대, 초나라 장왕은 전투 때마다 몸소 선두에 서서 직접 전투를 이끌었다. 진나라 군을 사정없이 몰아쳐 춘추전국시대 역사상 미증유의 대승을 거두었다.

장왕이 전투에서 승리한 날 밤에, 전승 공로가 있는 장수와 대소신료들을 모아놓고 잔치를 벌였다. 왕과 신하들이 어울려 승리를 축하하며 잔치의 흥이 한참 올랐을 때 갑자기 촛불이 꺼져 주변이 캄캄해졌다. 갑작스런 상황으로 우왕좌왕하는 사이에 장왕을 모시던 왕의 첩이 황급히 왕의 옷깃을 당기며 왕의 귀에 대고 속삭였다.

"폐하! 방금 촛불이 꺼졌을 때 어떤 자가 소첩의 옷 속으로 손을 넣고는 제 몸을 더듬으며 수작을 걸었습니다. 다행히 제가 그자의 갓끈을 잡아 끊어버렸으니 불을 켜시고 갓끈이 끊어진 자를 잡아 감히 폐하의 여인을 능욕한 그를 벌주소서."

미인이었던 첩의 말을 곰곰이 생각하며 듣던 장왕이 돌연 좌중에 명령을 내렸다.

"오늘 과인과 술을 마시는데, 갓끈이 끊어지지 않은 이는 제대로 즐기지 않은 것으로 알겠소. 지금 모두 갓끈을 끊어 버리시오"

이리하여 100명이 넘는 신하들이 갓끈을 다 끊고 나서야 왕은 불을 켜라고 지시했다. 아무 일 없다는 듯 그들은 다시 술을 먹기 시작했고 술자리는 좌중이 곯아떨어질 때까지 이어진 후 자리를 파했다. 따라서 그날 밤 일을 안 사람은 왕과 왕의 첩, 그리고 왕의 첩을 희롱

한 한 신하밖에 없었다. 이것이 갓끈을 끊고 놀았다는 고사 절영지회_{絶纓之會}이다.

이 잔치가 있은 후, 3년이 지나서 다시 진나라와 전쟁이 벌어졌다. 장왕은 적에게 포위되어 전투에서 거의 패할 위기에 처했다. 이 때 한 장수가 죽음을 무릅쓰고 적진에 뛰어들어 장왕을 구해주었고 앞장서서 용맹스럽게 전투를 펼쳐, 무려 적과 다섯 번 싸워 모두 격퇴시키는 탁월한 공로를 세운 덕에 초나라가 이길 수 있었다.

장왕이 자신을 구해준 장수를 불러 큰 상을 내리며 물었다.

"과인의 덕이 부족하여 그대처럼 뛰어난 장수를 아직 알아보지 못했다. 그대는 어떻게 죽음도 두려워하지 않고 짐을 구하고 그렇게 용맹하게 싸울 수 있었는가?"

그러자 그 장수가 대답했다.

"신은 오래전에 죽었어야 할 몸이었습니다. 예전에 왕께서 베푸신 연회에서 술에 취해 실례를 범하여 갓끈을 뜯긴 자이옵니다. 그때 왕께서는 저를 찾아내 죽일 수도 있었는데 제 죄를 묻지 않으시고 죽이지도 않으셨습니다. 저는 폐하로부터 입은 은덕을 결코 잊을 수가 없어, 언젠가 제 목숨을 살려주신 폐하의 은덕에 꼭 보답하겠다고 다짐했습니다. 그래서 이번 전투에서 폐하께서 위기에 처했다는 소식을 듣고 한숨에 달려가 제 목숨을 걸고 전투에 임하여 왕께 보답할 수 있었습니다. 신은 항상 제 몸을 던져 왕께 보답할 날을 기다렸습니다."

신하의 큰 실수를 더 큰 덕으로 배려하고 용서했던 장왕의 배려 리더십의 위력이었다. 자신을 생각해주는 리더를 위해 구성원들은 자신을 기꺼이 바친다.

나를 낮추어 우뚝 서는 겸손

다이너마이트를 발명해 세계적인 갑부가 된 알프레드 노벨Alfred B. Nobel. 그는 어느 날 아침, 신문을 펼쳐보고 엄청난 충격을 받았다. '죽음의 상인, 노벨 사망'이라는 자신의 부고訃告 기사가 크게 실려 있었다. 노벨과 동명이인인 사람이 죽었는데, 기자가 확인하지도 않고 오보를 낸 것이다.

버젓이 살아있는데 부고 기사가 난 것도 불쾌하거니와, 죽고 나서 '죽음의 상인'이라고 칭해진다는 것은 그야말로 화가 나고 황당하기 이를 데 없는 일이었을 것이다. 보통 사람이라면 언론사를 고소하고도 남을 일이었다. 그러나 노벨은 언론사를 탓하기보다 그 일을 자기 삶을 돌아보는 계기로 삼았다. 자신이 죽었을 때 어떻게 기억될 것인가를 고민하고, 더 나은 사회를 만들기 위해 노력하기로 결심했다. 노벨이 전 재산을 기증하여 만들어진 상, 인류에 공헌한 사람들에게 주어지는 세계 최고 권위의 노벨상은 그렇게 탄생했다. 남의 허물보다 자신을 먼저 돌아보는 노벨의 겸손함이 그의 삶을 올바른 방향으로 조정함은 물론 세상까지 바꾼 것이다.

맹사성은 어릴 때부터 천하의 수재로 이름이 드높았다. 19세에 장원급제한 후 파주군수가 된 그는 항상 자만심으로 가득 차 있었다. 지방의 수령으로서 지방행정을 집행하다가 지역에서 명망이 높았던 노스님을 찾아가서 물었다.

"이 고을을 다스리는 사람으로서 지표로 삼아야할 도리는 무엇이라고 생각하오?"

"그건 어렵지 않습니다. 나쁜 일 하지 않고 착한 일을 하면 됩니다."

노스님이 대답했다. 맹사성은 불쾌함을 표했다.

"그것은 삼척동자도 다 아는 이치인데, 먼 길을 찾아온 내게 해줄 말이 고작 그것뿐이오?"

맹사성이 거만하게 말하며 일어서려는데, 노스님이 만류했다.

"이왕에 오셨으니 차나 한잔 하고 가시지요."

스님은 찻잔에 차를 따랐다. 그런데 찻물이 넘쳐 흐르는데도 계속 주전자를 기울이는 것이었다.

"찻잔에 차가 넘치지 않습니까? 도대체 무얼 하시는 겁니까?"

맹사성이 화를 내자, 노스님은 태연하게 말했다.

"찻잔이 넘쳐 방바닥을 적시는 것은 아시면서 자신의 지식이 넘쳐 인품을 망치는 것은 어찌 모르십니까?"

이 말에 부끄러움을 느낀 맹사성은 황급히 일어나 나가려다가 문틀에 머리를 세게 부딪쳤다. 이 모양을 본 노스님이 말했다.

"고개를 숙이면 매사 부딪치는 법이 없지요. 겸손하게 한 번 숙이고 또 숙이고 양 손을 먼저 내밀면 더 많은 걸 얻으실 것입니다.”

노스님을 얕보며 거들먹거리다 혼이 난 맹사성은 그 일을 터닝 포인트로 삼아 자만심으로 가득했던 마음을 다잡았다. 그동안 똑똑한 머리만 믿고 거드름 피우던 것을 반성하고, 겸손한 자세로 일하고 행동하며 자신을 키워나갔다. 그는 훗날 조선 최고 벼슬인 영의정에 올랐다.

고아원에서 형제처럼 절친하게 자란 두 아이가 있었다. 이들은 고등학교를 졸업하자 곧 취업했다. 처음 몇 년간, 두 사람은 직장생활을 잘 하면서 가끔씩 자신이 자랐던 고아원에 선물꾸러미를 들고 찾아갔다. 시간이 흐르면서 한 친구는 창업을 하여 크게 성장하고 사회적인 명예도 얻었다. 반대로 다른 한 친구는 직장에서 실패를 하여 고생을 하다가, 주변과 연락을 끊고 고아원도 찾지 않게 되었다.

20여 년이 흐른 어느 날, 갑자기 소식이 끊겼던 친구가 사업가가 된 친구를 찾아왔다. 사업가는 친구를 반갑게 맞이하여 차를 대접하고 그간의 안부를 나누었다. 친구가 사업가에게 물었다.

“우린 고아원에서 함께 자랐고 성격도 학교 성적도 비슷하지 않았나. 그런데 자네는 직장생활에서부터 사업, 결혼과 가정생활 모두 순탄했고, 나는 하는 일마다 모두 풀리지 않았지. 그동안 나도 자네처럼 성공하려고 별짓 다 하며 최선을 다했지만 실패했어. 환경은 물론 모든 것이 다 비슷했던 우리가 왜 이렇게 차이가 나게 되었는지 모르겠네. 자네의 성공 비결 좀 알려주면 고맙겠네.”

가만히 듣고 있던 사업가가 책상 위에 있던 러시아 목각인형 마트료시카를 들어 하나하나 열어 보였다.

"나는 이 마트료시카 인형의 마음으로 모든 일을 했다네. 마트료시카 인형 가운데 가장 안에 있는 가장 작은 인형이 나라고 생각했지. 이 세상에서 내가 가장 작은 사람이라고 생각하며 누구를 만나든 그 사람을 큰 사람으로 모셨고, 누구에게나 겸손한 자세로 대화했고, 우리 회사 직원 하나를 뽑을 때도 나보다 더 큰 사람을 뽑았네. 회사 운영을 하면서도 회사에서 내가 가장 작은 사람이니 직원들에게 고마운 마음을 갖고 직원들을 큰 사람으로 대접하였네. 물론 가정에서도 마찬가지였어. 내가 가장 작고, 딸과 아들과 처를 높이 모셨네. 오늘의 내가 될 수 있었던 것은 가장 작은 마트료시카 인형의 마음으로 살았기 때문에 가능하지 않았나 싶네."

그리고 사업가는 마트료시카 인형을 친구에게 쥐어 주었다. 사업가가 성공과 행복을 이끌어낸 비결은 성공은 자신을 가장 낮추는 겸손에 있었던 것이다.

어느 시골 마을에 청상과부로 하나뿐인 아들을 억척스럽게 키운 어머니가 살았다. 그녀는 누구를 상대하든 말싸움에서 한 번도 져 본 적이 없을 만큼 말도 잘하고 기가 아주 쎈 고집불통이었다.

잘 키운 아들이 장성하여 결혼을 했다. 싱대는 서울의 최고 명문대학을 졸업한 그야말로 똑소리 나는 며느리였다. 그러자 어머니의 성품을 잘 아는 마을 사람들이 걱정을 했다.

“저 며느리, 이제 큰일 났다! 시어머니의 등쌀을 어떻게 견딜 수 있을까? 고생문이 훤하네.”

그런데 동네 사람들의 예상과는 달리 집안이 조용했다. 너무 조용하자 오히려 사람들이 궁금해했다. 그러나 동네 사람들이 그 이유를 알기까지 그리 오랜 시간이 걸리지 않았다.

처음에 시어머니는 벼르고 별렀다고 한다. 똑똑한 며느리를 꽉 잡아놓지 않으면 나중에 더 큰 문제가 발생할 수도 있다며 아주 혹독한 시집살이를 시켰다. 무슨 일을 하든 생으로 트집을 잡고 일부러 모욕도 주었다. 그런데 며느리는 시어머니의 그 어떤 말에도 고분고분했다. 시어머니가 생트집을 잡고 질책해도 며느리는 항상 자신을 먼저 낮춰 시어머니를 더욱 잘 모셨다.

부엌일에 열중인 며느리에게 시어머니가 “친정에서 그런 것도 안 배워 왔니?” 하고 생트집을 잡으면 며느리는 아주 공손하게 “친정에서 배워 온다고 했어도 시집와서 어머니께 배우는 것이 더 많아요. 모르는 것은 자꾸 나무라시고 가르쳐 주세요.”라고 말하며 다소곳하게 머리를 조아렸다. 또 “그런 것도 모르면서 대학 나왔다고 하느냐?”고 다그치며 모욕을 주면, 며느리는 도리어 웃으며 “요즘 대학 나왔다고 해봐야 옛날 초등학교 나온 것만도 못해요, 어머니!” 하며 공손하게 말한다.

매사가 늘 이런 식이니 시어머니가 아무리 며느리를 다잡고 찔러도 소리가 나지 않았던 것이다. 한마디 대꾸라도 해야 호통을 치며 나무라겠는데, 말 떨어지기가 무섭게 그저 시어머니 발밑으로 자신을 바짝 낮추니 오히려 불안하고 두려운 것은 시어머니였다. 결국, 시어머니는 집안의 모든 일을 며느리에게 위임했다. 시어머니는 권위와 힘으로 며느리를 잡으려고 했으나 며느리가 먼저 더 낮게 낮수어 겸손하게 모시니 어찌 해볼 도리가 없었다. 시어머니는 말 그대로 두 손, 두 발 다 들었다.

사람 사이에서도 마찬가지이다. 상대방이 나를 이겨 보겠다고 기어올라야 나도 지지 않으려고 전의를 불사르며 싸움이 되는 것인데 상대방이 먼저 자신을 낮추고 겸손해지면 내가 공격할 곳이 없다. 싸움은커녕 오히려 상대방을 도와주고 싶어진다.

먼저 낮아지고 겸손해지는 사람이 결국은 이긴다. 상대방이 먼저 나를 이기고 올라가려고 하거나 아니면 내가 먼저 상대방을 이기고 올라가려고 하니까 서로 두려움과 불안이 커져 싸우게 된다.

먼저 낮아진다는 것이 결코 말처럼 쉬운 일은 아니다. 어떤 때는 죽는 것만큼이나 하고 싶지 않을 때도 있다. 그런 면에서 이 세상에 겸손보다 더 큰 덕목은 없다.

02

인재를 부르는
리더의 품성

조직 내의 인간관계를 가꿔라

내가 운영하던 회사에는 직원이 60여 명 있었는데, 유독 한 젊은 직원이 매일 지각을 했다. 혼내고 자극을 주어도 그는 변하지 않았다. 아마도 습관성이라 고치기 어려웠던 것 같다. 그는 지각할 때마다 별의별 핑계를 다 만들어왔다. 그렇다고 퇴출시킬 수는 없어서 지켜보고 있는데 어느날부터인가 지각하는 습관이 싹 없어졌다. 아니, 아예 정시보다 30분 먼저 출근하여 콧노래를 흥얼거리며 청소를 하는 것은 물론 화병에 꽃을 꽂고 경쾌한 음악을 틀어놓는 것이 아닌가.

그 젊은 직원이 어떻게 이렇게 긍정적으로 확 바뀌었는지 궁금했던 나는 다른 직원들에게 넌지시 이유를 물어보았다. 대답을 듣고 나는 헛웃음을 짓고 말았다. 총무부 신입사원 중에 미모의 여직원이 있는데, 그 여직원과 가까워지기 시작하면서 그의 행동이 바뀌었다는 이야기였다. 상사가 그렇게 말해도 안 바뀌던 습관이, 잘 보이고 싶은 사람이 생긴 순간 하루아침에 바뀌었던 것이다.

변화의 동기는 다분히 사적인 것이었고 그리 순수한 것도 아니었지만, 어쨌든 그는 그렇게 고치지 못하던 습관을 바꾸었고 아주 긍정적인 구성원이 되었다. 조직 내에서의 인간관계가 얼마나 큰 힘을 발휘하는지 잘 보여주는 사례였다.

누구나 부러워하는 대기업에 입사했더라도 함께 근무하는 상사 또는 동료와의 관계가 좋지 않으면 그곳은 좋은 직장이 아니라 지옥이다. 아침에 일어나면 힘들고 피곤하여 출근하기 싫은 직장이다. 직원들 사이에 대화나 정보교환도 줄어들고, 구성원들의 의욕도 저하된다. 그러나 직원들간의 관계가 좋으면 화합도 잘 되고 목표 달성도 수월해진다. 하다못해 출근시간도 빨라진다. 서로에게 관심을 가지고 원활하게 소통하고, 모두에게 나라는 사람을 보여주고 진가를 인정받고 싶은 마음으로 한껏 잠재능력을 발휘하게 된다.

그래서 리더는 그룹 내의 커뮤니케이션에 그 무엇보다 힘을 쏟아야 한다. 다만 인간관계는 수학공식처럼 어떤 법칙에 대입하면서 기계적, 수치적으로 답을 낼 수 있는 것이 아니라 마음과 마음의 살아있는 교류이며, 사람의 마음을 얻는 과정임을 기억해야 한다. 사람

들과의 좋은 관계는 저온 저장고에서 함께 부대끼며 맛깔나게 숙성
되는 와인과 같은 것이다. 하루아침에 이루어지는 것이 아니라 시간
을 갖고 정성을 들여야 한다.

상대를 인정하면 마음을 얻는다

소통의 시작과 끝은 상대를 인정하고 알아주는 것이다. 사람이 가
진 욕구는 다양하지만, 사회적인 측면에서 보면 누군가에게 인정받
고자 하는 인정욕구가 가장 크다. 어찌 보면 모든 사람들이 때로는
가정에서, 때로는 직장에서, 때로는 소속된 조직이나 사회에서 자신
을 알아주고 인정해주길 바라서 열심히 일하고 노력한다. 인정받을
때 사람은 기쁨과 행복을 느낀다. 어떤 이는 능력을 인정받기 위해
목숨을 건다. 실제로 배우자나 자녀로부터 능력을 인정받으면 마냥
행복하다. 직장이나 사회로부터 능력을 인정받으면 세상을 다 얻은
것처럼 기쁘고 이루 말할 수 없이 보람을 느낀다.

그러므로 구성원을 인정해주는 것은 리더가 꼭 해주어야 할 일이
자, 무엇보다도 강력한 동기부여의 비결이다.

어떤 나라가 치열한 전투를 치르고 전쟁에서 승리했다. 공을 세운
병사들은 훈장을 받게 되었다. 훈장 수여식에서 병사들에게 차례차
례 훈장을 전달하던 장군이 한 병사 앞에 다다르자 그 자리에 얼음
처럼 굳었다. 거기에는 두 팔을 잃은 병사가 서 있었다. 장군은 그 병

사를 힘껏 포옹하며 눈물을 흘렸다. 뜨겁고 굵은 눈물이 장군의 뺨을 타고 흘러내렸다.

"그대가 진정한 영웅이다. 훈장만으로는 보답을 다 할 수 없네. 이보다 더 큰 보상을 내리겠네."

장군이 병사에게 말했다.

"장군님! 보상은 필요 없습니다. 저에게 장군님의 뜨거운 눈물만큼 더 큰 보상은 없습니다. 저를 알아주시는 것만으로도 행복합니다."

두 팔을 잃은 병사가 큰소리로 대답했다. 그 자리의 모든 사람들은 감동으로 눈시울을 적셨다.

나라를 위해 싸우다 두 팔을 잃는다는 것은 그야말로 엄청난 희생이다. 그런데 어째서 병사는 눈물만으로 보상이 충분하다고 했을까? 그 순간 병사가 장군의 눈물에서 느낀 것은 자신이 전쟁에서 치른 희생이 진정으로 귀하게 여겨진다는 사실이었다. 병사는 물질적인 것이나 명예보다도 그 사실을 더 중요하고 기쁘게 여겼던 것이다.

이렇듯 사람은 리더가 자신을 알아주는 것만으로도 성취감과 행복감을 느낄 수 있다. 리더가 구성원의 능력을 인정하지 않으면 그 구성원은 열정을 바쳐 일하지 않는다. 그러나 리더가 능력을 인정해주고 알아주는 구성원은 그것을 증명하기 위해 스스로의 잠재능력을 발휘하여 최대의 성과로 보답한다. 인간관계를 잘 유지하기 위해서는 가장 먼저 상대를 인정하고 알아줘야 한다. 상대를 인정하는 말로 대화를 시작하면 한결 소통이 원활하다. 새로 시작하는 관계를 좋은 분위기에서 만들어갈 수 있고, 설령 갈등이 있었던 관계라도 회복의 실마리를 찾을 수 있다. 사람은 자신을 인정해주는 사람에게 마음을 열기 때문이다.

가왕 조용필이 전성기 때 있었던 일이다. 4집 발매 후 여기저기 방송 출연과 공연, 행사 요청으로 눈코 뜰 새 없이 한창 바쁠 때였다. 시골의 한 요양병원 원장이 조용필의 매니저에게 전화를 걸어왔다. 병원에 입원해 있는 14세의 지체장애 소녀가, 조용필의 〈비련〉을 듣더니 입원 8년 만에 처음으로 감정을 보이고 눈물을 흘리더라는 것이었다. 그러면서 소녀의 보호자가 돈은 얼마든지 낼 테니 조용필 씨가 직접 와서 소녀에게 노래를 불러주거나 얼굴이라도 보여주면 안되겠느냐고 청했다고 했다.

매니저에게 이 사연을 들은 조용필은 그날 예정된 4곳의 공연을 전부 취소하고 병원으로 출발했다. 당시 조용필은 한두 곡만 불러도 수천만 원을 받을 정도로 몸값이 거액이었는데, 그 공연의 위약금까지 전부 물어주고 소녀를 만나러 시골로 달려간 것이다.

부탁은 했지만 정말로 가왕이 나타나자 병원에서는 모두 놀랐다. 조용필은 소녀를 찾아갔고, 소녀는 아무런 표정도 없이 멍하니 있었다. 그런데 조용필이 그 소녀의 손을 꼭 잡고 〈비련〉을 부르자 놀라운 일이 일어났다. 노래를 들은 소녀가 펑펑 울기 시작한 것이다. 곁에 있던 소녀의 부모도 함께 눈물을 흘렸다.

조용필은 소녀를 안아주고 사인한 음반을 건넨 다음 병실을 나왔다. 돌아가려고 차에 타는데 소녀의 어머니가 쫓아나와서 감사를 전하면서 돈을 어디로 얼마를 보내면 되느냐고 물었다. 그러자 조용필은 간단하게 답했다. 따님의 눈물이 제 평생 벌었던, 또 앞으로 벌게 될 돈보다 더 비싸다고.

가왕이라 불리며 모든 사람의 찬사를 한 몸에 받던 조용필에게도, 자신이 노래에 실은 감정을 진심으로 알아주었던 어린 소녀의 눈물이 거액의 출연료보다 훨씬 소중했던 것이다. 사람을 알아주는 것의 위력은 이렇게 크다. 그 어떤 보상보다도 더 사람의 마음을 움직이고, 진심으로 자신을 바쳐 행동하게 한다.

관계 회복을 위한 용서의 리더십

조직에서 생활하다 보면 갈등이 생기고 사람들 사이가 갈라지는 일이 필연적으로 일어난다. 구성원 사이에 금이 가면 조직 전체의 응집력에 문제가 생긴다. 단 한두 사람이라도 서로 관계가 나쁜 구성원이 생기면 다른 구성원들 사이의 소통도 어려워진다. 리더는 물론 모두가 적극적으로 관계 회복에 나서야 한다.

갈등을 봉합하고 문제를 해결하기 위해 꼭 필요한 것 중의 하나가 용서의 리더십이다. 용서. 말이 그렇지 현실에서는 정말 쉽지 않다. 그렇다고 용서를 하지 않으면 내가 먼저 불행해진다. 상대가 잘못을 했다고 하여 용서를 하지 않고 가슴에 분노가 가득 찬 채로 있으면 그 분노와 분노의 대상이 내 삶을 지속적으로 지배한다. 결국 그의 삶 이전에 내 삶에 커다란 걸림돌이 된다. 상대방은 자신의 삶을 살고 있는데 나는 생활을 유지하지 못한다. 그 분노와 그 대상자가 내 삶의 언저리 언저리마다 나타나 내가 해야 할 다른 일들을 다 망쳐놓기 때문이다. 시시각각으로 내 인생이 오히려 방해받는다.

억울한가. 불편한가. 화가 솟는가. 짜증이 일어나는가. 그래도 용서해야 한다. 내 삶의 존재 이유와 목적, 가치를 높이기 위하여 용서해야 한다. 용서하고 내려놓으면 내 삶은 행복하고 평화로워진다.

한 케이블 TV 방송에서 국민 1,000명을 대상으로한 여론조사를 보면, 사람들은 경제적으로 충분한 여유가 생겼을 때(24%)보다도 내 주변 사람들과의 관계가 좋아졌을 때(59%)가 훨씬 마음이 평화롭고 행복감을 느낀다고 했다. 사람과 사람의 관계가 회복되고 인간관계가 좋아지면 마음의 평화와 참 행복이 온다.

인생을 살면서 시나브로 마음에 평화가 올 때가 있다. 이런 시기를 되돌아보면 가족과의 관계, 친구들과의 관계, 직장 동료들과의 관계, 비즈니스 파트너나 거래처와의 관계 등에 별다른 문제가 없거나, 문제가 있었다가도 해결되었을 때이다. 인간관계에 문제가 없으면 크게 이룬 것이 없을지라도 마음이 평온해진다. 반대로 주변이 갈등과 불화에 싸여 있으면 아무리 성취가 많아도 항상 불안하고 평온이 없다.

갈등이 있다면 먼저 이해하고 용서하는 자세로 해결에 나서야 한다. 특히 내가 리더의 입장이라면, 내가 윗사람이니 아랫사람이 숙이고 들어와야 한다는 생각으로 문제해결을 방치해서는 절대로 안된다. 오히려 리더이기에 그 사람뿐 아니라 조직 전체에 대한 책임감을 갖고 솔선하여 관계 회복에 나서야 한다. 아무리 심각한 문제가 사이에 가로놓여 있더라도 포기하지 않고 다가가야 한다. 어려운 시기도 분명 다 지나간다. 마음에서부터 이해와 관심을 가지려 노력하고, 나를 먼저 주장하지 않고 진심으로 정성을 다하면 어떤 관계든 좋은 관계로 바꿀 수 있다.

리더가 해야 할
절차탁마

존재 가치 제로의 리더

고교 시절 절친했던 세 친구가 오랜만에 뭉쳐 술자리를 가졌다. 독신인 친구의 집에 쳐들어가 밤새 술을 마시다 보니 다들 그만 아침까지 잠들고 말았다. 출근시간이 되자, 한 친구의 전화벨이 득달같이 울렸다. 정신 없이 곯아떨어진 그는 전화를 받지 못했지만, 전화는 지치지 않고 계속 울렸다. 먼저 잠에서 깬 다른 친구들이 깨워 주어서 겨우 전화를 받자, 전화가 너머에서 벼락같은 호통 소리가 들렸다. 직장 상사였다. 친구는 허둥지둥하면서 사과를 거듭하고, 금방 간다는 말을 연신 남발하면서 서둘러 출근 준비를 했다. 그는 친구들에게 제대로 인사도 못 남기고 서둘러 회사로 달려갔다.

남은 친구 중 한 사람은 프리랜서였고, 다른 친구는 출근을 해야 했지만 아직 휴대폰은 잠잠한 채였다. 도무지 술이 깨지 않아 흐느적대던 두 사람은 그만 다시 잠들어버렸다.

오후가 되어서야 눈을 뜬 직장인 친구는 사색이 되어 휴대폰을 찾았지만 부재중 전화는 한 통도 와 있지 않았다. 이를 본 프리랜서 친구가 말했다.

"너희 회사는 프리하고 분위기 좋네. 아까 그 친구네 회사는 좀 심하더라. 하루 좀 늦었다고 욕하고 닦달하는 건 너무하잖아."

직장인 친구는 얼결에 그렇다고 대답했지만, 마음은 편치 않았다. 무단결근을 했는데 연락 한 통 없는 것이 좋은 일인가? 무슨 일이 있는 건 아니겠지? 결근을 한 쪽이 오히려 회사를 걱정하고 있었다.

다음날, 그는 출근하자마자 무단결근에 대한 죄책감으로 부장을 찾아갔다.

"제가 어제 갑자기 몸이 많이 아파서 결근했습니다. 죄송합니다."

그러자 부장은 그 친구의 위아래를 한번 훑어보았다.

"자네 어제 결근했었나? 알았어! 가서 일해."

무단결근하고도 상사로부터 혼나지 않았으니 행운이라고 기뻐해야 할 것인가, 아니면 보고를 아예 하지 않았으면 무단결근을 들키지 않았을 텐데 하고 아쉬워해야 할 일일까. 그러나 정말 문제는 따로 있다. 이 친구는 도대체 그동안 회사에서 무슨 일을 했으며 회사에서 어떤 위치였는지 돌아봐야 할 것이다.

조금 큰 조직을 보면 이런 사람들이 의외로 많다. 결근을 해도 회사 돌아가는 데 전혀 지장이 없는 사람. 있으나 없으나 회사 운영과 별반 상관이 없는 사람. 한 마디로 조직 안에서 존재 가치가 제로인 사람이다. 이런 사람이 있으면 회사 분위기도 나빠지고 성과도 떨어진다. 온라인 취업포탈사이트 '사람인'에서 258개 기업을 대상으로 퇴사 시키고 싶은 직원이 있는지 문의한 결과 41.5%가 있다고 답했다. 이중에 대부분은 조직에서 자기 존재 가치를 만들지 못한 사람들일 것이다. 조만간 직장에서 퇴출당할 가능성이 크다.

특히 리더가 자신의 존재 가치를 만들지 못했을 경우엔 조직이 망가진다. 리더가 잠시 사무실을 비웠을 때 사무실 분위기가 좋아진다거나 웃음꽃이 핀다면 분명 좋은 리더는 아니다. 이런 상황에서는 구성원들과의 소통도 되지 않고 구성원들이 조직의 목표를 공유하며 열정을 추구하기도 어렵다. 며칠 출장을 다녀왔는데 아침에 출근해서 보니 내가 잠깐 없었을 때 성과도 더 오르고 사무실이 더 유기적으로 돌아가고 있다는 느낌을 받았다면 그 리더는 존재 가치가 없어진 사람이다. 그런 사람들일수록 오히려 '내가 없으면 회사가 안 돌아갈 것'이라며 자신만만하지만 사실은 그가 없어도 회사 운영에 전혀 문제가 되지 않는다. 어쩌면 그 사람이 없어야 회사가 더 잘 돌아갈지도 모른다.

이런 사람은 바람직한 리더가 될 수 없을 뿐만 아니라 우연히 리더의 위치에 올랐을지라도 분명 성공적인 리더가 되지 못할 것이다.

화와 욕심을 다스려라

한 농부가 일을 마치고 소를 몰며 집으로 돌아가던 중, 길에 떨어진 신발 한 짝을 보았다. 꽤 쓸만한 신발이었지만 한 짝뿐이었기 때문에 농부는 그대로 지나쳤다. 그런데 조금 더 가니 길바닥에 아까 그 신발의 나머지 한 짝이 떨어져있는 것이었다. 조금 전에 지나친 신발 한 짝을 가져오면 온전한 한 켤레였다.

그는 소를 길가에 매어두고 급히 왔던 길을 되짚어 달려가 버려진 신발 한 짝을 주워서 돌아왔다. 그런데 소가 보이지 않는 것이 아닌가. 신발 한 켤레를 얻겠다는 욕심 때문에 소를 잃어버린 것이다.

이 세상에는 작은 이익을 얻기 위해 더 큰 것을 잃는 사람이 흔하다. 사소한 욕심 때문에 큰 그림을 못 보고 잘못된 판단을 내리고, 자신을 잃고, 명예와 지위 그리고 사람과 조직까지 잃어버린다.

독일의 정치가 마티 바덴Marty baden은 젊은 시절, 지방 출장을 갔다가 싸구려 여관에서 하룻밤을 묵었다. 다음날 일어나보니 자신의 허름한 구두가 사라졌다. 돈이 없는 바덴은 몹시 화가 나서 어느 놈이 내 신발을 훔쳐갔느냐고 소리치며 욕을 했다.

"하나님도 무심하시지. 나같이 가난한 사람의 신발을 다 훔쳐가게 하다니……."

마침 그 날은 주일이었는데, 하나님에게 갖은 원망을 퍼붓는 바덴을 보다 못한 여관주인이 헌 신발을 빌려주고 교회에 데리고 갔다. 마지못해 교회에 따라간 바덴은 여전히 화가 풀리지 않은 채로 기도

도 찬송도 드리지 않고 뚱하게 앉아있었다.

그런데 바덴의 근처에 앉은 사람 하나가 눈물을 흘리며 진심으로 찬송하고, 절절한 감사의 기도를 드리고 있었다. 너무나 간절한 감사 기도에 주의가 쏠린 바덴은 무심코 그를 쳐다보았다가 충격을 받았다. 그는 두 다리가 없는 사람이었다. 바덴은 그 자리에서 자기 자신을 다시 돌아보았다.

"두 다리가 없어도 눈물 흘리며 감사 기도를 드리는 사람이 있는데 나는 헌 구두 하나 잃어버렸다고 주인에게 큰 소리로 화를 내며 소동을 피우고, 괜스레 남을 저주하고 하나님까지 원망하는구나."

바덴은 사소한 일에도 화를 잘 냈고, 가진 것이 없음에도 사람을 대할 때는 교만했다. 일이 잘 풀리지 않으면 남을 탓하기 급급했었다. 그러나 이 일을 계기로 바덴은 자신에게 없는 것보다 있는 것이 더 많다는 사실을 마음 깊이 인식했다. 이후 바덴은 어떤 경우에도 자신의 일로 남을 원망하지 않게 되었다. 매사에 긍정적이고 적극적으로 살았다. 주어진 일마다 최선을 다했다. 후일 바덴은 독일의 재무장관 자리에까지 올랐다. 모든 일을 긍정적으로 보고 매사에 늘 감사하는 마음으로 임하며 국가를 위하여 크게 공헌했다.

행복한 사람은 가진 것을 사랑하고, 불행한 사람은 가지지 못한 것을 사랑한다. 자신을 다스리지 못하는 사람은 사소한 일로 분노를 참지 못하고 구성원에게 습관적으로 책임을 돌리며 화풀이를 하고 자신의 욕심을 내려놓을 줄 모른다. 이러한 사람은 조직이나 그룹,

단체, 사회의 리더로 인정받지 못한다. 리더 본인도 성장하기 어려우며 공동의 선과 목표를 달성하기는 더욱 어렵다.

영어 화Anger는 위험Danger에서 알파벳 D만 뺀 것이다. 즉, 화는 위험한 것에 극히 가깝다. 화는 작은 것을 크게 만들고, 소소한 것을 대단한 것으로 만든다. 화는 육체와 정신을 약화시키고 판단을 흐리게 한다. 화가 난 상태에서는 누구도 올바른 판단을 할 수 없다. 리더가 되려면 반드시 화를 다스릴 줄 알아야 한다. 나아가 사회적 분노를 치유하여 다양한 구성원들이 서로 조화하고 화합하게 하여 함께 행복한 우분투 사회를 만들어야 한다. 분노조절장애가 사회 곳곳에 만연한 지금, 파괴와 파멸로 달려가는 사람들을 치유하고 화해시킬 수 있는 우분투 리더십이 리더에게 필요하다.

자신을 아는 것이 최고의 지혜이다. 자신을 알아야 더 나아지기 위한 행동을 할 수 있기 때문이다. 욕심과 분노는 리더를 쓰러트리는 독약이다.

언제 어디서든 주인이 되자

수처작주(隨處作主). 어디에 있더라도 무슨 일을 하더라도 주인이 되어라. 어디에 있든지 주인의식을 가져야 한다는 뜻이며, 어느 곳에서나 리더처럼 행동하라는 의미이다.

지금은 비록 직원으로 근무할지라도 리더처럼 생각하고 리더처럼 행동하면 리더가 될 수 있다. 지금 비록 일용직이고 비정규직일지라도 CEO처럼 생각하고 CEO처럼 행동하면 CEO가 될 수 있다. 지금 식당이나 가게의 아르바이트생일지라도 주인처럼 생각하고 주인처럼 행동하면 주인이 될 수 있다.

뉴욕 빈민가의 열일곱 가난한 흑인 소년이 용돈을 벌기 위해 콜라 공장에서 아르바이트를 했다. 어느 날, 콜라병 상자가 터지는 사고가 일어났다. 콜라가 온통 쏟아지고 깨진 콜라병 조각이 흩어져 바닥은 난장판이 되었다. 워낙 수습할 것이 많아 다들 눈치만 보며 나서기 싫어하고 있는데 소년이 서슴없이 나서서 청소를 시작했다. 바닥은 금세 깨끗해졌다. 이를 지켜본 감독관은 소년의 성실함을 보고 다음 방학에 그 소년을 다시 채용해서 음료 주입기 일을 맡겼다. 여기에서도 성실하게 일한 소년은 음료주입기의 부책임자가 되었다.

소년은 현재의 가난과 고생을 불평하지 않았다. 학비를 마련하기 위해 늘 아르바이트를 하다 보니 학교 성적은 하위권에 머물렀지만, 소년에게는 남들이 갖지 못한 장점이 있었다. 누구보다도 정직하고 성실했으며 어떠한 시련 앞에서도 의욕을 잃지 않고 용감했다. 자신이 하고자 하는 일은 끝까지 이루려는 신념이 강했고, 커다란 꿈과 강한 집념이 있었다.

비록 콜라 공장에서 아르바이트를 하면서도 항상 주인된 마음으로 최선을 다한 소년은 1989년 미국 역사상 최연소 합참의장에 올랐다. 2001년에는 흑인 최초로 국무장관이 되었다. 그는 바로 걸프전의 검은 영웅으로 미국에서 가장 존경 받는 군인 중 한 명인 콜린 파월Colin L. Powell이다.

콜린 파월 같은 유명인의 사례가 아니라도, 다수의 기업체나 단체에 리더십 강의를 다니는 동안 직위에 아랑곳하지 않고 수처작주의 정신으로 일하여 기업의 대표가 된 사례를 정말 많이 볼 수 있었다. 임시직 사환으로 입사했다가 대우중공업 CEO가 된 김규환 명장도 그 한 사람이었다. 그분들은 대부분 처음에는 말단 지원에 불과했지만, 회사를 내가 경영하고 있다는 주인의식으로 일하다보니 기업의 대표가 될 수 있었다. 생계를 위해 최저시급을 받으며 아르바이트를 하면서도 주인처럼 일하다가 가게를 물려받고 이를 발판삼아 건실한 CEO가 된 사례들도 이루 말할 수 없이 많았다. 수처작주 정신은 기업을 키우고 결국 자신을 키우는 기업가 정신이다.

사람처럼 집단생활을 하는 개미들은 집이 무너져도 누가 집을 무너트렸는지 책임을 물으며 서로 싸우기보다는 함께 힘을 모아 무너진 집을 고친다고 한다. 일단 발생한 문제를 비판하거나 불평불만을 터트리며 책임을 묻는 것은 누구나 쉽게 할 수 있다. 불평불만으로 가득한 사람들은 결코 세상의 주인으로 살아가기 어렵다. 내 삶을 위해 스스로 헤쳐나가기보다는 매사 남에게 의존하며 누군가가 무엇인가를 해주기를 바라기 때문에 불평불만이 생기는 것이다. 내 인생을 내 의지와 계획에 따라 행동하지 않으면 남이 계획한 대로 살게 된다. 내 인생의 진정한 주인으로 사는 사람은 결코 남이 해주기를 바라지도 않고, 주변 환경이나 여건에 대해 불평불만을 늘어놓지 않는다. 언제나 자신이 선택하고 그 결과에 대해 감사하며 살아가기 때문에 행복을 스스로 만들어가는 주인이 되는 것이다.

수처작주 정신은 발생한 문제에 대한 비판보다는 내가 단체나 기업의, 그룹의 대표라는 주인의식을 갖고 내가 먼저 문제를 해결하는 데 앞장서는 것이다. 수처작주 정신을 갖고 있는 사람들은 어디에서나 낭중지추囊中之錐처럼 드러나게 마련이다. 낭중지추란 주머니 속의 송곳이란 말로, 능력과 재주가 뛰어난 사람은 주머니 속에서 송곳이 삐져나오듯이 언젠가 스스로 두각을 나타내게 된다는 뜻이다. 수처작주 정신으로 일하는 사람들도 이와 같다. 비록 지금은 남의 눈에 띄지 않는 자리에서 고생하고 있지만 결국에는 주머니 속의 송곳이 삐져나오듯이 그 능력을 인정받아 성장하게 되어 있다.

평안북도 정주에서 머슴살이를 하던 아이가 있었다. 머슴이지만 머리도 명석하고 말보다 행동이 앞서는 지혜로운 아이였다. 아침에 그 누구보다도 먼저 일어나 마당부터 쓸고, 일을 스스로 찾아서 했다. 특이하게도 그 아이는 매일 주인의 요강을 깨끗이 씻어 햇볕에 말려 다시 안방에 들여놓았다. 주인은 남달리 성실하고 총기가 있던 이 아이를 머슴으로 두기에는 너무 아깝다고 생각했고, 그 아이를 평양의 숭실대학에 입학시켜 주었다. 공부를 마친 청년은 고향으로 내려와 오산학교 선생님이 되었다. 그는 독립운동가이자 한국의 간디로 추앙받는 고당 조만식 선생이다.

　조만식 선생님이 독립운동을 하실 때 따르던 사람들이 물었다고 한다. "어떻게 머슴이 대학에 가고 학교 선생님이 되고 독립운동가가 되실 수 있었습니까?" 그러자 조만식 선생은 "비록 몸은 머슴이었지만 마음만큼은 주인처럼 모든 것을 아끼고, 주인의 마음과 자세로 정성을 쏟아 일을 했더니 대학에도 가게 되고, 공부도 최선을 다해 열심히 했더니 선생님도 되고 독립운동가도 되었다."고 대답하셨다. 머슴이면서도 주인처럼 일하고 자신을 낮추며 매일 남의 요강을 닦는 겸손함이 위대한 독립운동가 조만식 선생을 만든 것이다.

　지금은 비록 어렵고 힘든 비정규직 사원으로, 식당 종업원으로, 편의점 아르바이트생으로 근무할지라도 주인의식을 갖고 생각하고 행동하면 누구나 성공할 수 있다. 수처작주 정신이 있으면 먼저 행동이 바뀌고 습관이 바뀔 것이며, 결국 자신의 인생을 슬기롭게 바꿀 수 있다. 주어진 일과 문제를 어떻게 지혜롭게 해결해나가야 할 것인지 방법이 보인다.

　지금 삶이 많이 어려워 단칸방에서 새우잠을 자더라도 꿈은 고래 꿈을 꾸어야 한다. 대체적으로, 학창시절 풍족하여 딱히 절박하게 목표를 갖지 않고 살아가는 사람보다는 가정환경이 가난하여 어려움을 겪으면서도 뚜렷한 목표를 갖고 꿈을 키워나간 사람이 성공하고 리더가 되는 경우를 많이 보았다. 꿈을 잃지만 않으면 언젠가 꿈을 이루고 세상의 리더가 될 수 있다. 여러분들이 꿈꾸고 있는 롤모델처럼 위대한 리더가 될 수 있다.

현재, 어렵고 열악한 현실 속에서도 꿈과 희망을 잃지 않고 수처
작주 정신으로 묵묵히 자신의 일을 펼쳐가는 미래의 주역인 청년들
을 이 책은 응원할 것이다.

스스로 한 걸음 내딛지 않으면
내 길이 아니다

몇 년 전 어느 연수회에서 강의를 할 때의 일이다. 연수를 받은 후 각지 사무국에서 회장이 될 예비 임원들을 모아놓고 하는 리더십 강의였다. 이들은 자신이 이제까지 활동해온 사무국에서 회장직을 이어받을 사람들인 만큼, 자신이 소속된 사무국을 자랑하고 현 회장에게서 본받을 점이나 배울 점을 말해보는 '칭찬 릴레이' 프로그램을 진행하였다. 회원들은 훈훈한 분위기에서 현 회장들에 대한 칭찬을 이어갔다.

분위기가 한창 무르익을 무렵, 한 회원이 단상에 오르더니 "우리 사무국 회장님은 저의 롤모델이자 제 인생의 스승입니다."라고 단호하게 말했다. 아무리 칭찬 릴레이 중이라지만 쉽게 나오지 않을 표현에 회원들은 환호했다. 교수인 나로서도 감명이 깊어 그 회원에게 질문했다. "회장의 어떤 점을 가장 배우고 싶다고 느꼈나요?" 그런데 그 회원의 대답이 반전이었다. "그동안 회장의 모습을 바라보면서 많이 배웠습니다. 언젠가 내가 회장이 되면 현 회장처럼은 절대 하지 않겠다고 다짐했습니다." 태도를 보니 장난 삼아 하는 말이 아니었다. 정말로 현 회장처럼은 되지 않겠다는 단호한 결심이 느껴졌다.

칭찬인 듯 칭찬 아닌 엉뚱한 답변에 참석한 회원들 모두 박장대소했지만 리더십 교수인 나는 만감이 교차했다. 현 회장의 리더십이 얼마나 문제가 있었으면 회원이 현 회장처럼은 하지 않겠다고 하는 것인가? 라는 의문과 함께 이 시대의 리더들 가운데 롤모델이 될 만한 리더는 얼마나 되고, 구성원들이 결코 닮고 싶지 않은 리더는 얼마나 많을 것인가? 하는 의문을 품어보지 않을 수 없었다.

내가 리더십 강의를 하기 시작한지 얼마 되지 않은 1988년도 후반, 전국 대학 총장 세미나에 리더십 강의를 하러 갔다가 우연찮게 당시 LG그룹 회장이었던 구자경 씨의 강연을 듣게 되었다. 구 회장은 전국 각 대학 총장들에게 대뜸 이렇게 이야기했다.

"나는 치약 장사입니다. 치약, 비누 맹글어 팔고, 티리비TV, 냉장고 만들어 파는 장사꾼입니다. 그런데 저는 물건 만들어 팔면서 제품에 하자가 있으면 바로 AS도 해주고 반품도 다 해줍니다. 그런데 여기 계신 대학 총장님들이 여러분들의 대학에서 잘 가르쳤으니 쓸만한 인재라면서 보내준 학생들, 여러 총장님들의 이름으로 우리 기업에 추천해 준 학생들을 써보니 기업에서 쓸만한 사람들이 거의 없습니다. 그런데 왜 반품을 안 해 줍니까? 반품을 안 해주니 어쩔 수 없이 우리가 기업에 맞는 인재로 만들기 위해 다시 교육시켜서 활용하고 있는 실정입니다. 쓸만하지 않은 인재를 추천해 주셨으니, 우리 기업들처럼 최소한 AS를 해주든지, 반품을 해줘야 하는 것 아닙니까?"

예상하지 못했던 대기업 총수의 항의성 특강에 대학 총장들이 조용해졌다. 물론 그저 하나의 에피소드로 웃어넘길 수도 있는 일이지만 리더십 강사인 나에게는 무척 소중한 경험이었다. 구자경 회장은 대기업 총수로서 제품보다 더 소중한 인재에 대한 책임과 중요성을 함께 지적한 것이다. 사회 각 분야별로 수많은 리더들이 존재하는데, 그중에 혹시 반품해야 할 리더가 있다면, 요즘 표현으로 리콜을 해야 할 리더가 있다면 그 리더가 이끄는 그룹과 구성원들에게 얼마나 큰 손실이 있을 것인가 생각해보지 않을 수 없었다.

만일 내가 어느 그룹의 리더로 활동하고 있는데 구성원들이 들고 일어나 우리 리더를 반품해달라고, 바꿔달라고 외친다면, 나아가 구성원들이 한 목소리로 저런 리더는 필요 없다고 한다면 어떻게 해야 할까? 우리 사회에도 분명히 그런 목소리가 어딘가에서 나오고 있으며 반품해야 할 리더들이 존재한다. 오죽하면 '적보다 더 무서운 것이 무능하면서 부지런한 리더'라고 경계하고 있겠는가? 준비되지 않은 리더가 리더 자리에 없길 바라면서, 부족한 리더가 좋은 리더로 성장하길 바라면서 이 책을 썼다. 책 속의 여러 가지 리더십 사례를 마음에 담고 활용하여 이 땅의 리더들 모두 반품이 필요 없는 리더로 거듭날 수 있기를 기대한다. 단 아무리 좋은 책을 읽었거나 감명 깊은 강연을 들었다 하더라도, 그리고 탁월한 아이디어를 가지고 있더라도 스스로 실천하지 않으면 결코 자신의 것이 되지 않음을 꼭 기억하고 실천 가능한 일부터 바로 행동하기 바란다. 스스로 한 걸음 내딛지 않으면 내 길이 아니다.

우분투 리더십을 포함하여, 이 책에 제시한 여러 가지 리더십을 한꺼번에 다 내 것으로 만들겠다고 욕심을 부릴 필요는 없다. 다양한 리더의 소양 가운데 실제로 내가 잘할 수 있는 분야의 잠재능력만 계발해서 발휘해도 스스로도 믿기지 않을 만한 일들이 일어날 것이라고 확신한다.

리더는 '도처춘풍'의 리더와 '추풍낙엽'의 리더로 구분할 수 있다. 사방에 봄바람이 일어 새싹이 돋아나고 만물을 소생시키듯 구성원들에게 힘과 새로운 기운을 불어넣어 구성원과 조직을 상생하게 하는 리더, 즉 도처에 춘풍을 일으키는 리더가 있는가 하면 세차게 몰아치는 찬바람이 나뭇잎들을 다 떨구듯 구성원들의 기운을 빼앗고 매몰차게 닦달하는 추풍낙엽의 리더도 있다.

지금 나는 조직에 온기를 불어넣는 도처춘풍 리더인지, 찬바람으로 구성원들의 기운을 다 떨어트리며 추위에 떨게 하는 추풍낙엽 리더인지, 앞으로 나는 사람을 살리는 리더가 될 것인지, 사람을 죽이는 리더가 될 것인지 늘 스스로 점검하고 판단하며 좋은 리더가 되는 길을 실천하길 바란다.

그리고 무엇보다도 이 책에서 강조한 함께 행복 우분투 리더십을 갖추고, 아직 리더의 자리에 서지 않았더라도 먼저 자신의 자리에서 우분투 리더십을 발휘하며 함께 행복한 사회를 만들어가는 데 기여하기 바란다. 모두를 위한 비전이 있고 실천이 뒤따른다면, 반품당하는 리더가 아니라 구성원들과 조직에 힘을 불어 넣어주고 희망을 안겨주는 치어 리더, 함께 행복한 우분투 리더가 반드시 될 수 있으리라 확신한다.

혼자 가면 빨리 갈 수 있겠지만 함께 가면 멀리 갈 수 있다는 말이 있다. 누구나 알다시피 세상이란, 삶이란 결코 혼자 살 수는 없는 것이다. 가끔 홀로 핀 꽃이나 홀로 서 있는 나무가 아름다워 보일 수도 있지만 그 풍경은 외롭고 쓸쓸하다. 함께 어우러졌을 때 더욱 아름다운 숲을 이룰 수 있다. 혼자 사는 것보다 함께 사는 세상이 훨씬 더 아름답다.

나아가 함께 행복한 세상이라면 그 얼마나 아름다울까?

그대의 우분투 리더십이 발휘되어 함께 행복한 사람 숲, 우분투 정신이 가득한 아름다운 세상을 만들어가기를 바라면서 글을 마친다.

부록

리더에게 꼭 필요한 회의 진행법

회의는 절차적으로 완성된 소통 형태이며, 우리 사회의 근간인 민주주의의 시작이자 중심이다. 특히 다수의 커뮤니케이션을 통해 의사 결정을 해야 하는 새 시대의 리더에게 회의 진행 능력은 꼭 갖추어야 할 소양이다. 다양한 공동체의 커뮤니케이션과 의사 결정에 활용할 수 있는 보편적인 회의 진행법을 소개한다. 회의를 통해 구성원의 의사를 결집할 능력을 갖추어야 민주적이고 합리적인 리더십을 발휘할 수 있다.

Ⅰ. 회원(구성원)의 역할

회원(구성원)은 회의에서 다루게 될 의안 등 회의 내용을 잘 숙지하고 회의에 참여해야 한다. 회의 내용에 대한 의문점이 있다면 회의 시 질의를 통해 사실을 확인해야 한다. 또한 회원은 의장으로부터 발언권을 얻은 뒤 발언하여야 하며, 다른 회원이 발언 중일 때에는 발언을 해서는 안 된다. 다만 지연되는 일정을 촉진하고자 할 때는 예외로 한다. 회원의 발언 내용은 의안의 범위를 벗어나지 않아야 한다.

1 의장의 책임

의장은 회의의 대표자로서의 권위를 갖추어야 하며, 회의를 성공적으로 진행시켜야 하는 책임이 있다. 또한 의장은 모든 규칙이 잘 지켜지도록 하면서도 의사 처리를 민주적으로 신속하고 원만하게 하기 위하여 다음 사항에 유의하여야 한다.

- 모든 의안은 정당한 절차를 밟아서 되도록 신속하게 처리한다.
- 모든 회의 규칙과 함께 필요한 예절을 지킨다.
- 일반적인 회의 규칙이나 그 회의에서 마련한 여러 규칙에 대하여 잘 알아야 하며, 필요할 때에는 언제나 참고할 수 있는 참고 자료를 준비하여 둔다.
- 회의 도중에는 회원들이 아무리 흥분하더라도 냉정한 태도로 이를 진정시킨다.
- 부드럽고 여유 있게 회의를 진행하면서 소극적인 회원들에게는 용기를 주고, 지나치게 발언이 많은 회원은 적절히 억제한다.

2 의장의 태도

의장은 모든 회원들의 존경과 신임을 받을 수 있는 높은 인격과 부드러운 태도를 가져야 하며, 아래와 같은 자세로 의장의 품위 있는 태도를 유지한다.

- 성실하게 직무를 수행하는 모범을 보인다.

- 겸손함을 가지고 회원들의 인격을 존중한다.
- 인내심을 가지고 회의를 온화하게 진행한다.
- 공정성을 가지고 모든 회원들의 신임을 받도록 한다.

3 의장의 임무

회의가 진행되는 동안 의장이 수행하는 임무들을 정리하면 대략 다음과 같다.

① 개회 선언 : 정족수 확인 후 개회 선언

② 발언권자 지명 : 2인 이상이 동시에 발언을 요구하였을 경우에는 다음과 같은 우선순위에 따라 발언권을 준다. 첫째, 상정된 의안 제출자가 아직 발언하지 않았을 경우, 의안 제출자에게 먼저 발언권을 준다. 둘째, 토론 시 바로 전에 발언한 내용과 반대 의견을 가진 듯한 회원에게 먼저 발언권을 준다.

③ 발언 질서 유지

④ 발언 내용의 조정

⑤ 재청 유무 확인

⑥ 발언 권유

⑦ 공정성 유지

⑧ 적절한 선언

⑨ 이의 유무 확인

4 의장의 발언

의장은 동의를 제안하거나 토론에 참가할 수 없다. 그러나 부득이한 경우에는 임시 의장에게 사회권을 넘기고 평의원 자격으로 사회자의 허가를 얻어 발언할 수 있다. 이 경우 우선적으로 발언권이 부여되나, 그 의제가 완전히 처리되기까지는 다시 사회를 할 수 없다.

5 의장의 직권

의장은 회의를 진행하는 동안 원활한 회의의 진행과 회의의 질서 유지를 위해 직권을 사용할 수 있다. 그 직권으로는 부당한 제안의 거부, 발언 중지, 회의 진행 방해자의 퇴장 조치, 정회 또는 폐회 선언, 회의록 서명, 의사 정족수의 관리 등을 들 수 있다.

Ⅲ. 회의용어 설명

1 동의(動議)

어떤 의안을 일정한 형식을 갖추어 제안하는 것을 동의라 한다. 어떤 의사를 표명하거나 어떤 조치를 취하하자고 회의에 공식적으로 의견을 제출하는 것이다. 동의는 반드시 '무엇을 어떻게 하자'는 식으로 구체적인 실행 내용이 있어야 한다.

동의가 의제(議題)가 되기 위해서는 일정한 수의 찬성자를 필요로 한다. 가장 중요한 합의체인 국회에서의 예를 들면 의안수정(議案修

正)의 동의 및 징계의 동의 등이 이에 해당한다. 법률안·결의안과 같이 국회의 의결을 필요로 하는 원안(原案)은 의안(議案)이라 하며 동의라고 하지 않는다. 이 동의(動議)는 동의(同意)와 구별하여야 하며 동의(同意)는 찬성으로 표현하는 것이 좋다.

동의의 종류는 원(原)동의, 보조동의(수정동의, 개회, 재 개회), 임시동의, 우선동의 등이 있으며, 동의를 처리하는 데는 우선순위를 둘 수 있다. 동의는 원동의와 이를 처리하는 과정에서 제출되는 부수동의로 구분된다. 여러 개의 부수동의들이 한꺼번에 제기되면 심의의 질서를 잃기 쉬우므로, 일정한 형식과 절차에 따라 제출된 부수동의를 하나씩 처리하여야 한다. 또한 동의가 의안으로 성립되어 회의에 상정되기 위해서는 다음과 같은 조건이 있어야 한다.

첫째. 동의는 원칙적으로 재청이 있어야 한다.

둘째. 이것은 동의의 난립을 방지하기 위한 것이다.

셋째. 일반적으로 재청할 때는 발언권이 필요 없으며, 일어서서 말하지 않아도 된다.

넷째. 동의의 상정(부의)

다섯째. 제안 설명(제안자가 설명)

여섯째. 질의답변(의장에게 질의 제안자가 응답)

일곱째. 토론

여덟째. 표결

2 재청(再請)

재청은 특정 구성원의 의사에 찬성하는 다른 구성원의 의사 표시를 의미한다. 즉, 동의 제안자 이외의 구성원의 찬성을 재청이라 하는데, 일반적으로 동의는 재청을 받으면 의안으로 성립된다. 따라서 재청이 없으면 동의는 기각된다.

3 의안 상정(意案 上程)

적합하게 성립된 동의에 대하여 재청이 있으면 의장은 의안으로 상정하는데, 이처럼 회의에 붙이는 것을 의안상정(부의)이라 한다. 동의와 재청이 있으면 의장은 이를 기각하지 않는 한 회의에 상정하여야 한다.

4 제안 설명(提案 說明)

 의안으로 상정된 동의의 내용에 대하여 제안자가 설명하는 행위를 말한다.

5 질의/답변

제안 설명 이후 해당 설명에 대한 부족한 점에 대하여 질문과 답변을 주고받는 행위이다. 단, 질의/ 답변 중에는 회의 구성원들이 찬성과 반대 의견을 이야기해서는 안 된다.

6 수정동의

동의에 원칙적으로 찬성하면서, 수정이 필요할 때 글자나 약간의 줄거리를 더 넣거나 빼자는 등 그 내용 일부를 고치자고 제안하는 것을 수정동의라고 한다.

7 기타 회의 용어

• 회의(會議) : 의장이 개회를 선언하고 난 후, 여러 가지 의안이 처리된 다음 의장이 폐회를 선언하여 마칠 때까지의 모든 과정.

• 개회(開會) : 회의를 시작하는 것.

• 개의(開議) : 의장이 개회를 선언한 후 회기 중의 어떤 날에 회의를 시작하는 것. 회기가 여러 날 계속될 경우 매일 매일의 회의에서 그 시작에 쓰이는 말. 수정동의를 가리키는 개의(改議)와는 구별 필요.

• 회기(會期) : 회의의 개회로부터 폐회 때까지의 기간. 일반 회의에서의 회기는 한 회의가 시작되어 끝날 때까지를 가리킴.

• 폐회(閉會) : 회기의 맨 마지막에 회의를 끝마치는 것.

• 산회(散會) : 회기 중 개회부터 폐회까지의 회의에서 그날그날 회의의 끝마침.

• 휴회(休會) : 회기가 여러 날로 정해져 있을 때 회기 중 회의를 하지 않는 날.

• 정회(停會) : 회의 도중 피로하거나 식사 등의 필요가 있을 때 쉬기 위하여, 또는 심한 의견 대립이나 장내의 소란 등으로 회의를 일

시 정지한 상태.

- 유회(流會) : 회의가 의사 정족수 미달 등의 사유로 개의되지 못한 상태.
- 의사일정(議事日程) : 회의에서 정한 개회일시, 회의의 항목과 순서 등을 포괄적으로 가리키는 말.
- 의사통칙(議事通則) : 회의의 필요에 따라 마련한 회의 운영에 관한 규칙.

IV. 회의규칙 설명

1 회의 공개의 원칙

회의 공개의 원칙이란 회의는 원칙적으로 공개하여야 한다는 원칙이다. 이는 회의를 공정하게 진행하여 좀 더 좋은 결론을 내기 위한 방법이다. 회의의 공개는 방청의 자유와 함께 회의의 기록을 공표하는 등의 방법을 통하여 이루어지고 있다. 그러나 정당한 사유가 있는 경우에 한하여 예외적으로 비공개로 할 수도 있다.

2 정족수(定足數)의 원칙

정족수의 원칙이란 회의에서 의안을 심의하고 의결하기 위해, 일정 수 이상의 참석자수가 필요하도록 한 원칙이다. 정족수에는 의사 정족수와 의결 정족수가 있다.

 ① 의사 정족수

회의를 개최하는 데 필요한 인원수. 회의를 시작해서 끝날 때까지 일정 수 이상의 회원이 참가해야 한다. 의사 정족수는 회의마다 다를 수 있다.

② 의결 정족수

회의에 상정된 안건을 결정하는 데 필요한 인원수. 우리나라 국회에서는 다른 규정이 없으면, 재적의원 과반수의 출석과 출석의원의 과반수 찬성으로 의결한다. 특별한 의결 정족수의 규정이 있으면 그에 따른다.

3 1의제의 원칙(1동의의 원칙)

1의제의 원칙이란 하나의 회의에서는 언제나 한 가지 의제만을 상정시켜 다루어야 한다는 원칙이다. 어떠한 의제든지 의장이 일단 상정을 선언한 다음에는 토의와 표결로써 이 안건이 마무리될 때까지는 다른 의제를 상정시킬 수 없다. 또한 둘 이상의 안건이 서로 관계가 있어 동시에 상정시키는 경우라도, 표결할 때에는 안건을 하나씩 분리하여 표결하여야 한다.

4 기타 회의의 원칙

① 자유발언의 원칙

자유발언의 원칙이란 발언은 누구에게도 간섭받지 않고 스스로 생각하고 판단해서 자유롭게 표현할 수 있어야 한다는 원칙이다. 그러나 '발언은 자유롭게'라고 해서 회의 진행에 방해가 되는 발언을 해서는 안 된다.

② 폭력 배제의 원칙

회의에서는 어떠한 형태의 폭력도 금지한다는 원칙이다. 폭력은 민주주의의 적이다. 어떠한 경우라도 폭력을 행사해서는 아니 되며, 그러한 경우 의장은 필요한 조치를 취할 수 있다.

③ 다수결의 원칙

어떤 회의에서 하나의 의안이 의결되기 위해서는 다수결에 의해 결정되어야 한다는 원칙이다.

④ 소수의견 존중의 원칙

민주주의 사회에서는 소수의 의견도 존중되어야 한다. 소수의 의견이 존중되지 않고 다수의 의견만 존중되면, 다수의 횡포가 생길 수 있다.

⑤ 일사부재의(一事不再議)의 원칙

회의에서 한 번 부결(否決)된 안건은 같은 회의(또는 회기) 중에 다시 상정하지 않는다는 원칙이다. 같은 회의에서 동일한 의제를 반복하여 상정할 수 있게 하면 회의 진행에 방해가 되고 회의 질서를 유지할 수 없기 때문이다.

⑥ 회기불계속의 원칙

어떠한 회의(또는 회기)에 상정되었던 의안이 그 회의가 끝날 때까지 처리되지 않으면 폐기된다는 원칙이다. 그러나 우리나라의 헌법에서는 이와 반대되는 '회기계속의 원칙'을 채택하고 있다.

V. 회의 진행 순서

1 개회 선언

의장이 회의의 개회를 선언한다.

① 정족수 확인 : 개회 시간이 되면 서기나 총무는 참석 회원 수를 확인하여 의장에게 보고하여야 한다.

② 개회 선언 : 의장은 서기 또는 총무로부터 참석 회원 수가 의사 정족수에 이르렀다는 보고를 받으면, "성원이 되었으므로 지금으로부터 제○차 ○○회의를 개회하겠습니다."라고 개회를 선언한다.

③ 정족수 미달 : 정족수가 미달되었을 경우 의장은 유회를 선언하며, 이때 다음 회의의 일시와 장소가 정해져 있지 않으면 정족수 미달에 관계없이 이를 정할 수 있다.

④ 임시 의장 선출 : 의장이 선출되어 있지 않은 상황에서 회의를 할 때에는 개회 선언을 한 사람이 주재하여 임시 의장을 선출하며, 임시 의장은 곧 정식 의장과 회의 관계자를 선출하여야 한다.

2 의장 인사

의장의 인사말은 되도록 짧게 하고, 말하는 내용은 어느 쪽에도 기울지 않고 모두가 공정하다고 여길 수 있어야 한다. 의장은 지난 회의 이후 긴급한 문제가 생겨서 의장 독단으로 처리한 일이 있으면 그에 대하여 보고하고, 회의에서 승인을 받아야 한다.

3 전 회의록 승인

전 회의록을 서기가 낭독한 후 의장은 회원을 향하여, "지금 낭독한 전 회의 회의록에 빠진 것이나 정정할 사항이 있습니까?"라고 물어야 한다. 이의가 없을 경우 의장은 "이의가 없으므로 회의록은 승인되었습니다."라고 선포한다. 틀린 곳이나 빠진 것이 있을 경우 회원은 수정을 요청하고, 의장은 이를 고친 후 회의록 승인을 선포한다. 승인된 회의록에는 의장과 서기 또는 총무가 서명하고, 회의록을 승인하는 시기는 다음 회의의 의장 인사 직후에 하는 것이 일반적이나 다음과 같은 경우도 있다.

- 다음 회의로 미루지 않고 회의가 끝날 무렵에 하는 경우
- 위원회에 승인권을 일임하는 경우
- 회의록 사본을 배부하여 회원들의 이의 유무를 확인하는 경우

4 보고 사항

회원들에게 회의시작 전에 회무, 회계, 위원회의 업무 상황 등을 보고한다.

- 회무 보고

회무 보고는 전 회의와 이번 회의 사이에 접수된 모든 서류나 통신 등 회원에게 알릴 필요가 있거나 승인받아야 할 일이 있을 때, 이를 보고하면서 처리해 나간다. 이러한 회무 보고는 총무가 한다.

- 회계 보고

회계 보고는 재정에 관한 보고이며, 재정 보고서는 회의의 승인을 받아서 보관해두거나 감사에게 회부한다. 이러한 재정 보고는 회계가 한다.

- 위원회 보고

각 위원회의 위원장은 위원회에 위임되어 처리된 사항이나 위원회에서 의결된 사항을 보고한다. 이때 위원장은 의안이 가결될 때 반대했던 소수 의견도 같이 보고해야 하며, 위원장은 보고 내용에서 자신의 개인적인 의견을 곁들여 말해서는 안 된다.

5 의안 보고 및 채택

회의에서 처리할 의안을 보고하거나 새 의안을 채택하는 순서이다. 의장은 본 회의 전에 권한이 있는 해당 임원회를 소집하여 의안을 정하고 의사일정을 미리 작성하는 것이 좋다. 회원은 의안의 순서를 바꾸어 처리하자는 '의사일정 변경' 동의를 제출할 수 있으며, 이때 재청이 있으면 의장은 토론 없이 표결에 붙인다. 가결되면 의안 심의 순서를 바꾸어야 하며, 부결되면 본래의 의사일정에 따라 심의하여야 한다.

6 의안 심의

의안 심의는 회의에 상정된 의안을 처리하는 과정을 말하며, 대체로 다음과 같은 순서로 이루어진다.

① 의장이 의안을 상정한다.

② 제안 설명을 한다.

③ 질의응답을 한다.

④ 찬반 토론을 한다.

⑤ 표결에 붙인다.

⑥ 표결 결과를 발표한다.

7 폐회

폐회는 회의를 마무리 하는 단계로 의사일정이 모두 끝났을 때나, 예정되었던 폐회시간이 되고 회원들로부터 회의시간을 연장하자는 동의가 없는 한 폐회를 선포할 수 있다. 회원이 폐회 동의를 제출하여 의장이 폐회하는 형식을 하는 것이 보통이다.

사례 색인

이 책의 주인공들을 더 나은 리더가 되기 위한 롤모델로 삼고자 하는 이들을 위해, 또 더 나은 리더들을 육성하기 위해 노력하는 리더십 강연자들을 위해 이 책에 실린 사례들을 키워드별로 정리하였다. 때때로 찾아 읽고 떠올리며 실천의 부싯돌로 삼을 수 있기를 바란다.

[긍정]

[기회 부여와 발견]

| 참고문헌 |

《사단법인 한국 청년회의소(JC) 연수원 리더십 교재 Ⅰ, Ⅱ, Ⅲ》, 이강철 외 지음, 사단법인 한국 청년회의소(JC), 2006

《판매의 심리학》, 브라이언 트레이시 지음, 오승훈 옮김, 비즈니스맵, 2008.

《성공하는 사람들의 7가지 습관》, 스티븐 코비 지음, 김경섭·김원석 옮김, 한국리더십센터, 1994.

《정상으로 가는 길》, 지그 지글러 지음, 이창수 옮김, 고려원, 1993.

《21세기의 창조자 뉴리더의 조건》, 워렌 베니스 지음, 김경섭 옮김, 김영사, 1994.

《정상에서 만납시다》, 지그 지글러 지음, 김동일 옮김, 대일서관, 1982.

《리더십 키워드》, 제임스 C. 헌터 지음, 김광수 옮김, 시대의창, 2000.

《10미터만 더 뛰어봐!》, 김영식 지음, 중앙북스, 2008.

《가슴 뛰는 삶》, 강헌구 지음, 쌤앤파커스, 2008.

《IT WORKS: 꿈을 실현시키는 빨간 책》, RHJ 지음, 서재경 옮김, 매일경제신문사, 2005.

《뿌리 깊은 희망》, 차동엽 지음, 위즈앤비즈, 2009.

《꿈이 있는 거북이는 지치지 않습니다》, 김병만 지음, 실크로드, 2011.

《나는 내일을 기다리지 않는다》, 강수진, 인플루엔셜, 2013.

《이들이 차세대다》, 김중규·이석호 지음, 열린지성, 2002.

《세상을 내편으로 만드는 협상의 전략》, 리처드 셸 지음, 박헌준 옮김, 김영사, 2006.

《긍정의 힘》, 조엘 오스틴 지음, 정성묵 옮김, 두란노, 2005.